_____ 학교 ____ 학년____반 _____ 의 책이에요.

전 세계가 인정한 우리의
세계유산

　세계유산이란, '세계유산협약'에 따라 인류 전체를 위해 보호해야 할 가치가 있다고 인정되는 세계 여러 나라의 유산 가운데 유네스코에 등록된 유산을 말해요.

　최근 전 세계적으로 자연재해나 전쟁 등으로 파괴될 위기에 처한 인류의 유산이 늘어나고 있어요. 이를 미리 방지하고 보호하고자 1978년부터 유네스코의 세계유산위원회에서는 보호해야 할 가치가 있는 유산들을 세계유산으로 지정하고 있답니다.

　인류 전체를 위해 보편적인 가치가 있다고 인정하는 유산을 중심으로 지정하다 보니, 각 나라의 문화와 역사를 대표하는 유산인 경우가 많아요. 따라서 각 나라의 세계유산을 알아보는 일은 곧 그 나라의 고유한 문화를 알 수 있는 지름길이지요.

　우리나라는 현재 석굴암과 불국사, 해인사 장경판전, 종묘, 창덕궁, 수원 화성, 경주역사유적지구, 고창화순강화 고인돌유적, 제주 화산섬과 용암동굴, 조선왕릉, 한국의 역사마을 : 하회와 양동, 남한산성, 백제역사유적지구와 산사 한국의 산지승원, 한국의 서원이 등재되어 있답니다. 그리고 세계기록유산으로는 훈민정음, 조선왕조실록, 직지심체요절, 승정원일기, 조선왕조의 의궤, 해인사 고려대장경판 및 제경판, 동의보감, 일성록, 5.18민주화운동 기록물, 난중일기, 새마을운동 기록물, 한국의 유교책판, KBS특별생방송 '이산가족을 찾습니다' 기록물, 조선왕실 어보와 어책, 국채보상운동 기록물, 조선통신사 기록물이 등재되었어요.

　또한 인류무형문화유산으로는 종묘제례 및 종묘제례악, 판소리, 강릉단오제, 강강술래, 남사당놀이, 영산재, 제주칠머리당 영등굿, 처용무, 가곡, 대목장, 매사냥, 줄타기, 택견, 한산모시짜기, 아리랑, 김장문화, 농악, 줄다리기, 제주해녀문화가 있답니다.

　이 책에서는 우리나라의 세계기록유산 중 하나인 '직지심체요절'에 대해 알아볼 거예요.

세계문화유산

종묘

수원화성

창덕궁

고창·화순·강화의 고인돌유적

석굴암과 불국사

해인사 장경판전

경주역사유적지구

백제역사유적지구

세계기록유산

조선왕조실록

승정원일기

직지심체요절

훈민정음

조선왕조 의궤

해인사 고려대장경판과 제경판

동의보감

일성록

세계무형유산

종묘제례와 제례악

판소리

강릉단오제

세계자연유산

제주도 화산섬과 용암동굴

신나는 교과 체험학습 ③⑥

금속 활자로 찍은 가장 오래된 책 직지심체요절

초판 1쇄 발행 | 2007. 12. 28.
개정 3판 4쇄 발행 | 2023. 11. 10.

글 김홍영 라경준 | **그림** 최준규

발행처 김영사 | **발행인** 고세규
등록번호 제 406-2003-036호 | **등록일자** 1979. 5. 17.
주소 경기도 파주시 문발로 197(우10881)
전화 마케팅부 031-955-3100 | 편집부 031-955-3113~20 | 팩스 031-955-3111

값은 표지에 있습니다.
ISBN 978-89-349-9648-4 64000
ISBN 978-89-349-8306-4 (세트)

좋은 독자가 좋은 책을 만듭니다. 김영사는 독자 여러분의 의견에 항상 귀 기울이고 있습니다.
전자우편 book@gimmyoung.com | 홈페이지 www.gimmyoungjr.com

어린이제품 안전특별법에 의한 표시사항
제품명 도서 제조년월일 2023년 11월 10일 제조사명 김영사 주소 10881 경기도 파주시 문발로 197
전화번호 031-955-3100 제조국명 대한민국 ⚠️주의 책 모서리에 찍히거나 책장에 베이지 않게 조심하세요.

금속 활자로 찍은 가장 오래된 책

직지심체요절

글 김홍영 라경준 그림 최준규

주니어김영사

차례

《직지심체요절》을 찾아 떠나기 전에

《직지심체요절》은 보통 줄여서 《직지》라고도 해요. 그래서 이 책에서는 간단히 《직지》라고 나타낼게요. 《직지》가 과연 무엇인지 정말 궁금하지요? 자, 《직지》에 관련된 인터넷 사이트를 소개할게요. 이 책에 들어가기에 앞서 《직지》에 대해 알아보세요. 그러면 이 책이 더욱 재미있고, 내용도 이해가 잘될 거예요.

청주 고인쇄 박물관

청주 고인쇄 박물관이 2002년 2월 인터넷에 사이버 박물관을 열었어요. 누구라도 인터넷을 통해 청주 고인쇄 박물관에 대한 정보나 자료를 충분히 얻을 수 있어요. 사이버 박물관은 '직지', '흥덕사', '금속 활자', '인쇄 출판 역사' 등으로 구성되어 있어요. 또한 직지 판본, 직지 금속 활자 인쇄 과정, 구텐베르크 금속 활자, 유네스코와 직지 등 《직지》에 대한 다양한 내용들을 자세히 설명해 놓았어요.

홈페이지 www.cheongju.go.kr/jikjiworld/index.do

세계 직지 문화 협회

세계 직지 문화 협회는 《직지》의 세계화 사업을 추진하고 지원하기 위해 국내외 단체들이 함께 참여해 만든 단체예요. 이 사이트에는 '직지 세계화 추진', '직지와 금속 활자' 등의 내용이 담겨 있어요. 유네스코 세계기록유산, 직지 찾기 운동, 직지의 판본, 금속 활자의 종류와 특징 등 다양한 내용들이 정리되어 있지요.

홈페이지 www.jikji.or.kr

금속 활자, 정보 혁명을 일으키다!

오늘날 세상을 흔히 '정보화 시대'라고 말해요. 여러분도 이 말을 많이 들어 보았지요?

그만큼 정보가 우리 사회의 중심이 되었답니다. 정보가 발달하면서 사회도 아주 빠르게 발전하고 있어요. 옛날에는 정말 상상도 할 수 없는 세상이 되었지요.

이렇게 정보를 빠르게 주고받게 되기까지는 많은 과정들을 거쳤어요.

학자들은 인류 역사에서 정보 혁명을 크게 4가지로 구분하고 있어요.

첫 번째는 '말의 사용', 두 번째는 '글의 사용', 세 번째는 '금속 활자의 사용', 네 번째는 '컴퓨터의 사용'이라고 해요.

그런데 세 번째 '금속 활자의 사용'이 우리나라에서 가장 먼저 시작되었다는 사실, 알고 있나요? 고려 시대에 세계 최초로 금속 활자를 발명하여 책을 찍었답니다.

그때 금속 활자로 수많은 책을 찍었지만, 현재 남아 있는 것은 많지 않아요.

그 가운데 가장 오래된 책이 바로《직지심체요절》이랍니다.《직지심체요절》을 줄여서《직지》라고도 해요. 세계에서 가장 오래된 금속 활자본,《직지》. 여러분은 이 책을 통해《직지》가 얼마나 귀중한 문화유산인지 알게 될 거예요.

《직지》에 대한 모든 이야기, 이제부터 만나 보아요.

금속 활자
네모진 금속 윗면에 문자나 기호를 볼록 튀어나오게 새긴 것을 '활자'라고 해요. 이런 활자들을 납이나 구리 따위의 금속으로 만들어서, 책을 인쇄하는 데 사용하지요.

직지, 그 숨겨진 비밀을 밝힌다!

《직지》는 1377년 흥덕사라는 절에서 금속 활자로 찍은 책이에요.

현재 남아 있는 것 가운데 세계에서 가장 오래된 금속 활자본이지요.

그래서 그 가치를 인정받아 2001년 9월 4일 '유네스코 세계기록유산'으로 등재되었답니다.

그런데 이 귀중한 문화유산인 《직지》가 우리나라가 아닌 프랑스의 국립도서관에 있어요. 여기에는 여러 가지 사연들이 숨어 있지요.

직지는 누가 만들었는지, 왜 다른 나라에 있는지 궁금한가요?

그럼, 지금부터 《직지》에 대해 자세히 알아볼까요?

직지는 누가, 왜 만들었나?

《직지》는 누가 만들었을까요? 자, 단서를 하나 줄게요. 《직지》의 원래 이름은 '백운화상초록불조직지심체요절'이에요. 이름이 너무 길어서 보통 '직지', '직지심체요절'로 줄여서 불러요. 그래도 누가 만들었는지 모르겠다고요? 《직지》의 원래 이름인 '백운화상초록불조직지심체요절'을 잘 보세요. 앞에 '백운화상'이라는 말이 있지요? 그래요, 《직지》는 1377년 고려 시대 때 승려 백운화상이 부처와 유명한 승려들의 훌륭한 말씀들을 모아서 두 권으로 엮은 책이에요. 이것을 제자인 달잠, 석찬 승려가 금속 활자로 찍어 낸 것이랍니다.

《직지》에는 승려가 깨달음을 얻기 위해 수행할 때, 어떤 마음가짐과 행동을 가져야 하는지에 대해 잘 나와 있어요. 이 책의 마지막 장에 나오는 내용을 한번 볼까요?

백운화상은 누구일까?

백운화상(1299~1374년)은 전라도 고부에서 태어났어요. 법명(스님에게 붙여 준 이름)은 '경한'이고, '백운화상'은 이름 대신 부르는 호예요. 전국의 유명한 절들을 다니면서 수행하다가, 중국에 가서 석옥 청공 선사에게 교육을 받은 뒤 돌아왔어요. 그 뒤 여주 취암사에서 제자들을 가르치다가 "이르는 곳이 모두 돌아갈 길이요, 만나는 곳이 모두 고향이다."라는 말을 남기고 돌아가셨어요. 저서로는 《백운화상어록》과 《백운화상초록불조직지심체요절》 2권이 있어요.

승고선사는 항상 여러 사람들에게 권하기를 "**불법**을 배우려 하지 마라. 다만 스스로 깨우치려고 노력해라. 슬기로운 사람은 한나절 만에 **해탈**할 것이며, 어리석은 사람도 3년이나 5년 만에 해탈할 것이나, 아무리 길어도 10년을 넘기지 않을 것이다."고 했다.

불법
부처의 가르침을 말해요.

해탈
세상의 모든 욕심과 괴로움에서 벗어나 진리를 깨닫는 것을 말해요.

결탁
주로 나쁜 일을 꾸미려고 서로 한통속이 되는 것을 말해요.

이것을 보면 《직지》가 담고 있는 내용이 '선을 깨달아 부처와 마음으로 통하는 것'임을 알 수 있지요.

《직지》를 왜 만들었는지는 정확하지 않아요. 단지 이 책이 만들어진 당시의 상황으로 추측할 뿐이에요. 불교는 고려 시대 때 나라에서 정한 종교로서 사람들 사이에 널리 퍼졌어요. 하지만 고려 후기에는 승려들이 왕실과 **결탁**하여 돈과 명예를 얻는 데 급급했지요. 이 때 유명한 몇몇 승려들이 불교계를 개혁하려고 노력했어요. 이런 노력의 결과로 《직지》가 만들어진 것으로 볼 수 있답니다.

학자들은 이 책이 당시 약 30여 벌 인쇄되어 여러 절이나 불교계 사람들에게 나누어졌을 것으로 추측하고 있어요.

관촉사 은진미륵불
고려 시대에는 불교 문화가 크게 발달해 곳곳에 많은 절과 탑, 불상을 만들고, 불교와 관련된 행사도 많이 열었어요.

여기서 잠깐!

'권하'의 뜻은 무엇일까요?

이 책의 끝장(39장)을 보면, 한자로 '백운화상초록불조직지심체요절 권하'라고 쓰여 있어요. '백운화상초록불조직지심체요절'은 책의 원래 이름인데, 그것을 풀이해 보면 책의 지은이와 내용을 알 수 있어요. 그러면 나머지 '권하'는 무슨 뜻일까요?

(   )

이 책은 상하 두 권으로 되어 있어요.

白雲和尚抄錄佛祖直指心體要節卷下

백운화상
이 책을 쓴 승려를 가리켜요.

초록
중요한 부분만을 기록했다는 뜻이에요.

불조직지심체요절
부처와 유명한 승려의 가르침을 바르게 깨닫는 데 중요한 마음과 몸이라는 뜻이에요.

권하

정답은 56쪽에

직지는 어떻게 생겼을까?

《직지》는 어떻게 구성되어 있을까요? 금속 활자본 《직지》는 본래 상, 하 2권으로 만들어졌어요. 하지만 현재 상 권은 전해지지 않고, 하 권만이 프랑스 국립도서관 동양문헌실에 보관되어 있어요. 그러나 하 권마저도 표지와 첫째 장이 떨어져 나가고 총 38장만 남아 있답니다.

그런데 아래쪽 사진을 보면 책에 표지가 있지요? 표지의 글자를 잘 보세요. 《백운화상초록불조직지심체요절》로 쓰여 있지 않고, 《직지》라고만 쓰여 있어요. 누군가가 없어진 책의 표지를 다시 만들면서 《직지》라고 쓴 것으로 짐작돼요. 하지만 언제 누가 그렇게 했는지는 몰라요. 그리고 《직지》 제목 옆에 어떤 외국말이 적혀 있지요? 프랑스 어로 된 이 말은, '1377년에 금속 활자로 인쇄된 가장 오래된 한국 인쇄본'

'직지심경'은 잘못된 이름

직지는 한때 '직지심경'으로 잘못 불리기도 했어요. 왜 그랬을까요? 1972년 프랑스 국립도서관에서 주최한 '세계 도서의 해' 기념 전시회에 《직지심경》으로 소개되었기 때문이지요. 불교에서 경(經)은 불교 경전을 뜻하는 말이에요. 이 책은 엄밀한 의미에서 불경이 아니므로, '직지심경'은 잘못된 표현이에요. 따라서 간단히 부른다면 '직지', '직지심체요절'이라고 부르는 것이 맞답니다.

끝장에 누가, 언제, 어디서 만들었는지 나와 있어요.

주자인시
금속 활자로 인쇄했다는 뜻이에요.

선광 7년 정사 7월
여기서 선광 7년은 1377년에 해당해요.

청주목외 흥덕사
'청주 변두리에 있는 흥덕사라는 뜻이에요.

이라는 뜻이에요. 프랑스 사람이 이 책을 수집해서 펜으로 기록해 놓은 것이랍니다.

책의 크기는 세로가 24.6센티미터, 가로가 17센티미터예요. 한 면의 행 수는 11행이고, 한 줄에는 18~20자가 쓰여 있어요. 또 종이는 닥나무로 만든 전통 한지를 사용했어요. 표지는 닥나무 종이를 여러 겹 붙여 두껍게 한 다음, 능화판 무늬를 찍어 화려하게 꾸몄어요. 그리고 여기에 황백이나 치자 즙으로 노랗게 염색하여 썩는 것을 방지했지요.

이번엔 책이 어떻게 묶여 있는지 한번 볼까요? 책 옆을 잘 보면, 구멍을 5개 뚫어 붉은 실로 묶어 놓았어요. 이런 제본 방법을 '오침안정법'이라고 해요. '오침안정법'은 중국이나 일본과는 확실히 다른 우리나라만의 제본 방법이었어요. 당시 중국과 일본은 구멍을 4개 뚫어 묶는 '사침안정법'을 사용했거든요. 우리나라의 오침안정법이 훨씬 튼튼했답니다.

능화판

능화판은 마름꽃 무늬를 새긴 목판이에요. 여기에 표지를 놓고 문질러 무늬를 찍었어요. 그리고 책 옆에 있는 치자 즙으로 표지를 노랗게 염색했어요.

정말 표지에 외국말이 적혀 있네.

프랑스 어로 '1377년에 금속 활자로 인쇄된 가장 오래된 한국 인쇄본'이라고 적혀 있어요.

자세히 보면 표지가 능화판 무늬로 되어 있어요.

제본은 구멍을 다섯 군데 뚫어서 묶은 '오침안정법'으로 되어 있어요.

프랑스 국립도서관에 보관된 책 가운데 '도서번호 109번'이라는 뜻이에요.

직지가 프랑스로 간 까닭은?

그런데 우리나라에서 만든 《직지》가 프랑스 국립도서관에 있다는 사실 알고 있나요? 여기에는 참으로 안타까운 사연이 얽혀 있답니다. 1800년대 말에서 1900년대 초에 프랑스 외교관으로 우리나라에 머물렀던 플랑시가 《직지》를 프랑스로 가져간 거예요.

중국어를 전공한 플랑시는 동양 문화에 관심이 많았어요. 그는 고서를 산다는 방을 써 붙일 정도로 책 수집에 열중했어요. 이런 가운데 《직지》가 플랑시의 손에 들어간 것으로 추측해요. 하지만, 플랑시가 언제, 어디서 《직지》를 수집했는지는 확실치 않아요. 다만 외교관이었던 플랑시가 고종 황제를 비롯한 대신들과 만날 기회가 많았을 테니, 이들로부터 《직지》를 선물로 받았을 수도 있어요. 아니면 우연히 길거리에서 아주 싸게 샀을 수도 있고요.

플랑시가 《직지》를 손에 넣었을 때에는 이미 상 권이 없고, 하 권만 있었어요. 하 권도 첫 장이 없는 상태였지요. 그는 책과 골동품에

외교관
외국에 있으면서 자기 나라를 대표하여 다른 나라와 여러 관계를 맺는 사람을 말해요.

고서
아주 오래 전에 간행된 책을 말해요.

경매
같은 물건을 사고자 하는 사람이 여럿일 때, 가장 비싸게 사겠다는 사람에게 물건을 파는 것을 말해요.

집중 탐구 콜랭 드 플랑시는 누구일까?

플랑시의 아버지는 작가이며, 동시에 인쇄 출판업을 하는 사람이었어요. 플랑시는 어린 시절 직접 책을 만드는 아버지를 보며, 자연스럽게 책과 인쇄술의 중요성을 알게 되었지요. 그는 파리 법대를 다니면서 동양어대학도 다녔는데, 여기에서 중국어를 전공했어요.
나중에 그는 외교관 자격으로 우리나라에 와 오랫동안 머물렀어요. 그는 우리의 역사와 문화를 책을 통해 알고자 노력했어요. 그래서 수많은 책을 수집하였고, 우리나라 책을 소개한 《조선서지》의 탄생에도 큰 역할을 했답니다.

조예가 깊어서, 《직지》의 가치를 곧바로 알아보았어요. 그래서 《직지》 표지에 '1377년에 금속 활자로 인쇄된 가장 오래된 한국 인쇄본'이라고 펜으로 적어 놓은 것이랍니다.

플랑시는 프랑스로 돌아가면서 그 동안 수집한 수많은 책과 도자기를 가져갔어요. 그리고 1911년에 이것들을 경매로 팔았어요. 대부분 우리나라에서 수집한 물품이었는데, 무려 700여 점에 달했대요. 《직지》는 이 물품들 가운데 가장 비쌌다고 해요. 이 경매를 통해서 《직지》가 골동품 수집가인 앙리 베베르에게 넘어갔어요. 그 뒤 베베르의 유언에 따라 1950년에 프랑스 국립도서관에 기증되었고, '도서번호 109번, 기증번호 9832번'으로 현재까지 보관되어 있답니다.

프랑스 세계만국박람회의 한국관 모습
1900년 프랑스 파리에서 세계만국박람회가 열렸어요. 이 때 한국 전시관의 전시 목록에 플랑시가 구입한 《직지》가 있었어요.

직지는 어떻게 발견되었을까?

《직지》는 1902년 프랑스 사람 모리스 쿠랑이 쓴 《조선서지》에 처음으로 소개되었어요. 이 책에서는 "1377년 청주 흥덕사에서 금속 활자로 인쇄. 만약 이것이 사실이라면 지금까지의 어떤 금속 활자본보다 빠른 것"이라고 《직지》를 소개했어요. 하지만 실물이 확인되지 않아서 관심을 끌지 못했지요. 그러면 《직지》는 어떻게 발견되었을까요?

《직지》가 공식적으로 세상에 소개된 것은 1972년이에요. 유네스코가 1972년을 '세계 도서의 해'로 선포하자, 프랑스 국립도서관은 그 해 세계의 옛 책들을 모아 '세계 도서의 해' 기념 전시회를 열고자 했어요. 이 전시회를 위해 프랑스 국립도서관에서는 1968년부터 준비를 했어요. 이 때 한국과 중국의 옛 책들을 담당한 사람이 바로 한국인 박병선 박사예요.

유네스코
교육, 과학, 문화의 보급과 교류를 위해 만든 국제 연합 기구를 말해요.

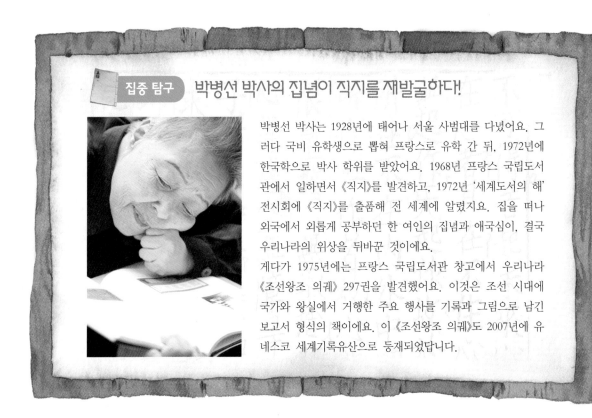

집중 탐구 **박병선 박사의 집념이 직지를 재발굴하다!**

박병선 박사는 1928년에 태어나 서울 사범대를 다녔어요. 그러다 국비 유학생으로 뽑혀 프랑스로 유학 간 뒤, 1972년에 한국학으로 박사 학위를 받았어요. 1968년 프랑스 국립도서관에서 일하면서 《직지》를 발견하고, 1972년 '세계도서의 해' 전시회에 《직지》를 출품해 전 세계에 알렸지요. 집을 떠나 외국에서 외롭게 공부하던 한 여인의 집념과 애국심이, 결국 우리나라의 위상을 뒤바꾼 것이에요.

게다가 1975년에는 프랑스 국립도서관 창고에서 우리나라 《조선왕조 의궤》 297권을 발견했어요. 이것은 조선 시대에 국가와 왕실에서 거행한 주요 행사를 기록과 그림으로 남긴 보고서 형식의 책이에요. 이 《조선왕조 의궤》도 2007년에 유네스코 세계기록유산으로 등재되었답니다.

박병선 박사는 그 당시 도서관 특별 연구원으로 일하고 있었어요. 그러던 어느 날, 도서관 책의 목록을 살펴보다가 우연히 중국 책 목록에서 《직지》를 발견했어요. 《직지》 맨 뒷장에는 1377년에 금속 활자로 인쇄했다는 기록이 있었지만, 아무도 믿지 않았어요. 그 때까지만 해도 1450년경에 독일의 구텐베르크가 인쇄한 《42행 성서》가 세계 최초의 금속 활자본이라고 알려져 있었거든요.

박병선 박사는 《직지》가 금속 활자로 찍은 것임을 증명하기 위해 온갖 실험을 했어요. 그리고 결국 나무 활자와 금속 활자의 차이점을 알아냈답니다. 《직지》가 세계에서 가장 오래된 금속 활자본임을 증명한 거예요!

이렇게 해서 《직지》는 1972년 프랑스 국립도서관에서 연 '세계 도서의 해' 기념 전시회에 출품되어 전 세계에 널리 알려지게 되었지요. 《직지》는 현재 귀중본으로 분류되어 프랑스 국립도서관의 단독 금고에 보관되어 있어요.

프랑스 국립도서관
《직지》가 보관되어 있는 동양문헌실 정면 모습이에요.

여기서 잠깐!

《직지》가 있는 국립도서관은?

프랑스 파리에 있는 가장 유명한 국립도서관은 미테랑 도서관이에요. 그럼 《직지》가 여기에 있겠다고요? 아니에요. 파리에는 이 곳 말고도 국립도서관이 네 곳이나 더 있답니다. 《직지》는 그 중 어느 도서관에 있을까요? (   )

① 오페라 도서관　　② 리슐리외 도서관
③ 라스날 도서관　　④ 루부아 도서관

도움말 루브르 박물관의 전시실인 리슐리외관에서 걸어서 10분 거리에 있어요. 여기에 보관된 《직지》의 이름은 'Pulcho Chikchi Simche Yojol'로 등록되어 있대요.

정답은 56쪽에

《직지》는 정말 금속 활자로 찍었을까?

박병선 박사는 《직지》가 금속 활자로 인쇄한 것임을 밝히기 위해 노력했어요. 먼저 지우개, 무 등을 이용해 직접 활자를 만들어 실험했어요. 그 결과 1차적으로 《직지》가 목판본이 아닌 활자본임을 밝혀 냈어요.

목판본은 넓은 나무판에 책 한 면을 다 새겨 찍어 내지요. 하지만 활자본은 각 활자들을 하나하나 만들고, 필요한 활자들을 판에 맞춰 찍어 내지요. 즉 목판은 고정된 나무판에 글자들을 그대로 새겨서 글자의 행이 모두 일정해요. 반면 활자는 하나하나 손으로 판에 맞추기 때문에, 글자 행이 고르지 않아요.

금속 활자를 골라서 배열하는 모습이에요.

또 납을 녹여 활자를 만드는 실험을 통해, 나무 활자와 금속 활자의 차이점을 찾아 냈어요. 즉 나무 활자는 글자에 나뭇결과 칼자국이 나타나는데, 금속 활자는 그런 점이 나타나지 않아요. 대신 금속 활자는 만드는 과정에서 공기가 들어가 생긴(동그란) 흔적이나 티가 만들어지기도 해요.

이런 특징들은 《직지》에서도 그대로 나타나요. 따라서 《직지》를 찍은 금속 활자가 발견되지는 않았지만, 《직지》가 금속 활자본임을 당당하게 밝힐 수 있었던 거랍니다.

활자본의 특징이에요!

1. 삐뚤어진 글자들이 있어요
본문의 행과 열이 바르지 않고 삐뚤어져 있어요. 또 옆으로
비스듬하게 기울어진 글자도 있어요.

2. 글자가 시커멓거나 흐리게 찍혀 있어요
활자본은 활자 면이 울퉁불퉁해서, 활자가 반듯하게 놓이지
않으면 글자의 일부가 희미하게 찍히기도 해요.

3. 위아래가 뒤집혀 찍힌 글자가 있어요
활자가 위아래가 뒤집혀서 찍힌 것이 몇 군데 있어요. 오른쪽
사진에서 '日(일)'자가 위아래가 뒤집혀서 찍혀 있는 것을 확
인해 보아요.

4. 다른 면에 똑같은 모양의 글자가 있어요
똑같은 모양의 글자가 다른 면에서 발견되었는데, 이것은 활
자본으로 찍어야 가능한 것이에요.

아, 잘못된
글자를 찾았다!

'日(일)'자가 위아래가
뒤집혀 찍혔어요.

금속 활자의 특징이에요!

1. 나뭇결이나 칼자국이 없어요
나무 활자는 나무를 칼로 새겨서 하나하나 활자로 만든 거예요.
그래서 글자에 나뭇결과 칼자국이 나타나요. 반면 금속 활자는 그
런 점이 나타나지 않아요.

2. 글자의 획에 기포 흔적과 티가 남아 있어요
금속 활자는 금속을 녹이고 굳혀서 활자를 만들어요. 그래서 만드
는 과정에서 공기가 들어가 생긴 흔적이나 티가 생기기도 해요.

나무 활자
나뭇결 흔적이 있어요.

금속 활자
먹물이 묻지 않은 자국이
있어요.

이것은 나무
활자와 금속 활자를
비교한 거야.
정말 다르지?

아, 이렇게 해서
《직지》가 금속 활자본임을
알 수 있었구나.

유네스코 세계기록유산으로

📷 유네스코
세계기록유산
유네스코가 옛 문서 등 전 세
계의 귀중한 기록물을 보
존·활용하기 위해 선정하는
세계적인 기록유산을 말해
요.

《직지》가 세계에서 가장 오래된 금속 활자본이지만, 이 사실을 아는 나라는 많지 않았어요. 우리나라는 《직지》의 우수성과 가치를 알리기 위해 여러모로 애썼어요. 무엇보다도 가치를 전 세계에 가장 빨리 알리는 길은 '유네스코 세계기록유산'으로 인정받는 것이었어요.

그래서 우리나라는 1998년 9월 유네스코 본부에 《직지》를 세계기록유산으로 등재해 줄 것을 신청했어요. 그러나 《직지》는 1999년에 열린 '제4차 유네스코 세계기록유산 국제자문위원회 회의'에 안건으로 올라가지도 못했어요. 그 이유는 우리나라에서 《직지》를 만들었지만, 현재 프랑스에서 보관하고 있기 때문이었지요. 지금까지 세계기록유산이 된 기록물들은 그것을 만든 나라가 다 보관하고 있었거든요.

우리나라는 곧바로 프랑스 정부에 《직지》를 세계기록유산으로 올릴 수 있도록 도와달라고 했어요. 하지만 프랑스는 그럴 생각이 없다며 거절했답니다.

갖가지 노력 끝에 2001년 6월 '제5차 유네스코 세계기록유산 국제자문위원회 회의'가 우리나라 청주에서 열리게 되

> 혹시 《직지》에 대한
> 회의를 하고 있나?

유네스코 국제자문위원회가 회의를 하는 모습이에요.

United Nations Educational, Scientific and Cultural Organization

...Certifies the inscription of

Buljo jikji simche yojeol (vol.II), the second volume of
« Anthology of Great Buddhist Priests' Zen Teachings »

Cheongju Early Printing Museum

Cheongju City   Republic of Korea

on

the Memory of the World Register

Date 0 4 SEP 2001   Koïchiro Matsuura
Director-General, UNESCO

2001년 9월 4일 《직지》가 '유네스코 세계기록유산'으로
등재되었음을 알리는 인증서예요.

었어요. 그 기회를 놓치지 않고 우리나라는 프랑스를 설득해 결국 《직지》를 회의의 안건으로 올릴 수 있었지요. 그리고 이 회의에서 드디어 《직지》가 '유네스코 세계기록유산'으로 결정되었어요. 1377년에 인쇄된 세계에서 가장 오래된 금속 활자본이라는 점, 현재 세계에 단 한 권밖에 없다는 점을 인정받은 것이지요. 그리고 2001년 9월 4일 《직지》가 유네스코 세계기록유산으로 정식 등재되었답니다.

《직지》의 발견으로 금속 활자의 역사는 바뀌게 되었어요. 독일 구텐베르크가 금속 활자로 인쇄한 것보다 무려 70여 년이나 앞선 것이었으니까요. 2001년 9월 4일은 우리 민족의 자부심을 한껏 드높인 중요한 날이었어요. 그래서 우리나라에서는 2003년부터 9월 4일을 '직지의 날'로 정하여 기념하고 있답니다.

유네스코에서 《직지》를 '세계기록유산'으로 인정하는 발표문

《직지》는 현존하는 세계에서 가장 오래된 금속 활자로, 인쇄 문화의 전파와 인류의 역사에 큰 영향을 주었다. 이에 세계적인 영향력을 준 기록유산으로 인정하게 되었고, 현재 프랑스에 단 한 권만이 보관되어 있기에 그 희귀성이 유네스코의 기록유산으로 등재하는 데 크게 고려되었다. 아울러 《직지》와 《구텐베르크 42행 성서》는 현존하는 세계에서 가장 오래된 동서양의 금속 활자본으로, 인류의 기록 문화를 혁신적으로 바꾼 최대의 유산이다. 유네스코 기록유산사업의 정신에 따라 등재를 권고한다.

안건
토의하거나 조사해야 할 사실을 말해요.

여기서
잠깐!

어떤 전시회를 열었을까요?

《직지》를 세계기록유산으로 등재시키기 위해서는 유네스코 자문위원들에게 《직지》의 중요성과 가치를 알리는 것이 무엇보다 중요했어요. 그래서 유네스코 총회가 열리는 1999년 11월, 프랑스 파리에 있는 한국문화원에서 어떤 전시회를 열었답니다. 이 전시회는 무엇이었을까요?
(   )

① 세계 음식 문화 특별전
② 한국의 옛 인쇄 문화 특별전
③ 한국 옛 전통 의상 특별전
④ 세계 전통 악기 특별전

유네스코 자문위원들이 이 전시회를 보고 아주 놀라워했대요.

정답은 56쪽에

우리나라 인쇄술의 역사

처음 인류가 책을 만들 때는 직접 손으로 글자를 써서 만들었어요.
이것을 '필사본'이라고 해요. 하지만 여러 권을 베끼려면 너무 힘들고,
글자를 틀리거나 빼먹기도 했지요. 그래서 사람들은 인쇄할 방법을 고
민하게 되었어요. 그로 인해 인쇄술이 점차 발전하게 되었지요.

자, 그렇다면 우리나라의 인쇄술은 어떤 과정을 거쳐 발전했을까요?
또 그 옛날에는 금속 활자를 어떻게 만들었을까요?

우리나라 인쇄술의 역사에 대해 함께 알아보아요.

나무판에 새기는 목판 인쇄술

우리나라에서 금속 활자가 발명되기 전에는 '목판 인쇄술'이 널리 사용되고 있었어요. 목판 인쇄술은 나무판에 글자를 새겨서 먹물을 발라 종이에 찍는 방법이었지요.

목판 인쇄술은 700년경 중국에서 처음 발명되었어요. 하지만 지금까지 남아 있는 목판 인쇄본 중 가장 오래된 것은 우리나라에 있답니다. 바로 불국사 석가탑에서 발견된 《무구정광대다라니경》이에요. 1966년 경주 불국사의 석가탑을 수리할 때 탑 2층 안에서 우연히 발견되었답니다. 이것은 신라 시대인 751년경에 인쇄된 것으로 짐작하고 있어요. 일본의 《백만탑다라니경》(770년)과 중국의 《금강경》(868년)보다 더 오래된 것이지요. 세계에서 가장 오래된 목판본이 이렇게 극적으로 발견되다니, 정말 재미있죠?

신라의 목판 인쇄술은 그대로 고려로 이어졌어요. 고려 시대에는 불교 문화가 발전했고, 불경을 인쇄하기 위해 목판 인쇄술도 같이 발전했답니다. 현재 남아 있는 목판 인쇄물들은 주로 불경으로, 대부분 절에서 찍은 거예요.

왜 탑 속에서 불경이 나왔을까?

절에서 사람들이 탑 주위를 돌며 비는 것은 부처님을 뵙는다는 뜻이에요. 탑이 원래 부처님의 사리(구슬 모양의 유골)를 모시는 곳이거든요. 그런데 부처님의 사리를 구하지 못하는 곳에서는 사리 대신 불경을 넣었어요. 《무구정광대다라니경》이 불국사 석가탑 속에서 나온 것도 그런 이유가 숨어 있는 거예요.

불경
불교의 교리를 적어 놓은 책을 말해요.

무구정광대다라니경
세계 최초의 목판 인쇄본이에요. 너비 약 8미터, 세로 길이 6.2센티미터이며, 불교의 다라니경문을 두루마리 형식으로 적어 놓았어요.

고려 시대에는 거란과 몽골이 우리나라를 자주 침략해 왔어요. 고려는 위험에 빠진 나라를 구하기 위해 부처님께 간절히 비는 마음으로 대장경을 새겼어요. 1087년의 '초조대장경', 1101년의 '속장경' 모두 이때 만들었지요. 하지만 안타깝게도 몽골의 침략으로 다 불타 버리고 말았답니다.

그 뒤 다시 몽골의 침입을 물리치고자 '재조대장경'을 만들었어요. 1236년부터 16년 동안에 걸쳐서 새긴 것으로, 경판이 무려 팔만 개나 돼요. 그래서 이것을 흔히 '팔만대장경' 또는 '고려대장경'이라고 부르지요. 이러한 목판 인쇄술의 발달은 나중에 금속 활자를 발명하는 밑거름이 되었답니다.

목판을 만드는 방법

① 글자를 새기기에 좋은 나무를 베어 적당한 크기로 잘라요.
② 바다의 짠물이나 웅덩이 물에 오래 담가 나무의 거친 결을 없애요.
③ 뜨거운 김으로 찐 다음, 그늘에서 충분히 말려요.
④ 판면을 곱게 대패질해요.
⑤ 글자를 종이에 써서 목판 위에 뒤집어 붙이고, 한 자 한 자 정성껏 새겨요.

대장경
여러 가지 불경들을 모아서 정리한 책을 말해요.

경판
경전을 인쇄하기 위해 만든 판을 말해요.

> 팔만대장경을 전부 쌓으면, 높이가 백두산보다 더 높대요.

집중 탐구 또 다른 세계유산, 팔만대장경과 장경판전

'팔만대장경'은 현재 해인사에 보관되어 있어요. 이것은 6,568권의 책 내용을 새긴 것인데, 경판의 수가 무려 8만 1,258장이나 된답니다.

또 팔만대장경을 보관하는 건물인 '장경판전'도 놀라워요. 통풍이 잘 되도록 창문의 크기를 엇갈리게 하고, 바닥을 숯과 소금, 흙으로 만들어 습도를 조절했거든요. 이렇게 과학적으로 만들어서 800여 년이 지난 지금까지 팔만대장경이 썩지 않고 잘 보관될 수 있었지요. 그래서 이 팔만대장경과 장경판전도 유네스코 세계유산으로 등재되었답니다.

장경판전

팔만대장경 경판

위대한 발명품, 금속 활자

《남명천화상송증도가》
이 책은 고려 고종 26년(1239)에 이미 찍은 금속 활자본을 견본으로 삼아 다시 새긴 것 중 하나가 전해진 것이에요. 하지만 지금은 목판으로 찍은 책만 남아 있어요.

고려 후기에는 나라 안에서 정치적으로 큰 싸움이 많이 일어났어요. 이 때문에 궁궐과 많은 건물들이 불탔고, 그 안에 보관된 수많은 책들이 모조리 없어지게 되었답니다. 그래서 필요한 많은 책들을 새로 인쇄해야 했어요. 책 하나를 찍어 내는 양은 적지만, 다양한 책들을 골고루 찍어 내야 했죠.

하지만 목판 인쇄로 그 다양한 책들을 찍어 내기에는 어려움이 많았어요. 책 내용이 달라질 때마다 판을 새로 만들어야 했기 때문에, 비용과 시간이 아주 많이 들었거든요. 또 나무판은 보관이 어려워서, 잘못하면 갈라지거나 썩어서 못 쓰게 되는 경우도 많았어요.

그래서 새로 생각해 낸 방법이 글자를 한 자씩 따로 만드는 '활자 인쇄술'이었답니다. 활자를 만들기는 까다롭지만, 일단 활자들을 만들어 놓으면 필요한 책을 마음대로 찍어 낼 수 있어요. 그때 그때 원하는 내용으로 활자들을 배열하여 찍으면 되니까요. 게다가 튼튼한

흥덕사, 고려 금속 활자 인쇄술의 맥을 잇다!
고려 시대 몽골이 우리나라를 침략했을 때, 나라에서 금속 활자로 책을 인쇄하는 일은 거의 마비되었어요. 그런데 지방에 있던 흥덕사에서 금속 활자로 《백운화상초록불조직지심체요절》을 찍어 냈지요. 절에서 만든 것이라 활자 인쇄술이 그리 뛰어나지는 못했지만, 고려 시대 금속 활자 인쇄술의 맥을 이어 주었기 때문에 그 의미가 아주 크답니다.

금속으로 활자를 만들면 오래 보관할 수 있겠지요. 그래서 마침내 금속 활자가 탄생하게 된 거랍니다!

현재까지 밝혀진 바로는 1230년~1240년에 금속 활자로 《남명천화상송증도가》와 《상정예문》을 인쇄했다고 해요. 이것들은 《직지》보다도 훨씬 앞선 것이지요. 하지만 안타깝게도 현재 전해지지 않고 있답니다.

조선 시대에는 금속 활자 인쇄술이 더욱 발전했어요. 계미자, 갑인자, 병자자 등 점점 발전된 금속 활자들을 만들었지요. 조선 시대의 금속 활자는 글자가 훨씬 고르고 세련되며, 인쇄 상태도 아주 깨끗했어요. 그야말로 금속 활자 인쇄술의 전성기였답니다.

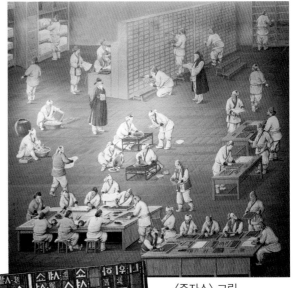

〈주자소〉 그림
주자소는 조선 시대에 금속 활자를 만들어 책을 찍어 내던 관청이에요.

《월인천강지곡》 활자판
조선 시대 세종대왕이 부처의 공덕을 찬송하여 1449년에 지은 노래집이에요. 상, 중, 하 3권에 500여 수의 노래가 수록되어 있어요.

여기서 잠깐!

다음에 설명하는 금속 활자 이름은 무엇일까요?

이것은 1403년 조선 시대 때 처음 만든 금속 활자예요. 이때 크고 작은 활자들 수십만 자를 만들었지요. 그 뒤에 갑인자, 병자자 등 훨씬 세련되고 발전된 금속 활자들을 많이 만들었답니다. (   )

보기	경오자　　계미자　　을해자

이것은 1403년 계미년에 만든 금속 활자랍니다.

《십칠사찬고금통요》와 금속 활자
이 금속 활자로 1412년에 만든 책이에요.

정답은 56쪽에

금속 활자 인쇄술이 발달하려면

금속 활자로 인쇄를 할 수 있으려면, 그에 앞서 여러 조건이 갖추어져 있어야 해요. 첫 번째는 '종이의 대량 생산'이에요. 고려에서는 일찍부터 종이를 많이 만들어 냈어요. 고려에서 만든 종이는 질이 좋아서 중국에도 수출할 정도였어요.

두 번째는 '활자 인쇄에 알맞은 먹'이에요. 활자 인쇄를 하려면, 먹물이 기름기가 있는 유성먹물이어야 해요. 그래야 먹물이 활자 위에 골고루 잘 묻거든요. 고려 사람들은 다른 나라보다 먼저 유성먹을 발명했고, 중국에 수출하기도 했답니다.

세 번째는 '금속을 다루는 기술'이에요. 이것은 금

성덕대왕신종(771년)
우리나라에 남아 있는 가장 큰 종으로, 높이가 무려 3.75미터나 돼요. 겉에 1000여 개의 글자가 새겨져 있어요.

용두사지 철당간 셋째 기둥(962년)
이 철당간은 절에 행사가 있을 때 깃발을 다는 장대예요. 철당간의 셋째 기둥에 393개의 글자가 볼록하게 새겨져 있어요.

청동호우(415년)
고구려 장수왕이 그의 아버지 광개토대왕을 기념하기 위해서 만든 청동 그릇이에요. 밑바닥에 11개의 글자가 활자처럼 새겨져 있어요.

속 활자를 만드는 데 가장 중요한 조건이랍니다. 우리 조상들은 옛날부터 청동으로 장신구, 무기, 절에서 쓰는 범종, 불상 등을 만들어 왔어요. 청동으로 금속 활자를 만들기 전에도 금속을 다루는 기술이 아주 뛰어났지요.

415년에 만들어진 '청동호우'라는 그릇에는, 그 밑바닥에 11개의 글자가 볼록하게 새겨져 있어요. 또 962년에 만들어진 '철당간'의 셋째 기둥에도 393개의 글자가 볼록하게 새겨져 있답니다. 이렇게 금속으로 글자를 만드는 건 금속 기술이 여간 뛰어나지 않으면 하기 힘든 것이에요. 특히 고려 시대로 오면서 청동과 철의 사용이 아주 두드러졌답니다. 《직지》가 만들어지기 수백 년 전부터 이런 기술이 있었다니, 정말 놀랍죠?

이렇듯 '종이', '먹', '금속을 다루는 기술'의 삼박자가 완벽하게 갖추어졌기 때문에, 금속 활자 인쇄술이 탄생할 수 있었던 거예요.

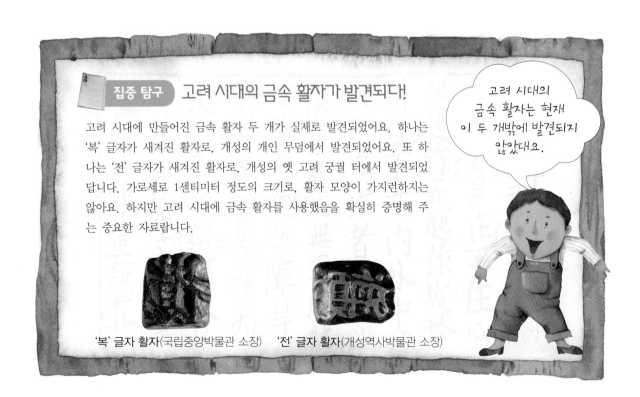

집중 탐구 고려 시대의 금속 활자가 발견되다!

고려 시대에 만들어진 금속 활자 두 개가 실제로 발견되었어요. 하나는 '복' 글자가 새겨진 활자로, 개성의 개인 무덤에서 발견되었어요. 또 하나는 '전' 글자가 새겨진 활자로, 개성의 옛 고려 궁궐 터에서 발견되었답니다. 가로세로 1센티미터 정도의 크기로, 활자 모양이 가지런하지는 않아요. 하지만 고려 시대에 금속 활자를 사용했음을 확실히 증명해 주는 중요한 자료랍니다.

고려 시대의 금속 활자는 현재 이 두 개밖에 발견되지 않았대요.

'복' 글자 활자(국립중앙박물관 소장) '전' 글자 활자(개성역사박물관 소장)

《직지》는 어떻게 만들었을까?

그렇다면 고려 말 흥덕사에서 만든 《직지》 금속 활자는 어떻게 만들었을까요? 금속을 깎아서 활자 하나하나를 만들었을까요? 그건 아니에요. 단단한 금속을 깎아서 작은 활자들을 만들기는 너무나 어렵거든요.

금속 활자를 만드는 데에는 놀라운 비밀이 숨어 있어요. 바로 '밀랍'이에요. 밀랍은 꿀벌이 벌집을 만들기 위해 내는 물질이에요. 벌집을 솥에 넣어 끓인 다음 찌꺼기를 걸러 내면, 밀랍을 얻을 수 있지요. 밀랍은 굳어 있어도 딱딱하지 않아서 세밀한 글자들도 쉽게 새길 수 있답니다.

와, 이렇게 복잡한 과정을 거쳐서 만들어지는구나!

금속 활자를 만들어 《직지》를 인쇄하는 과정

❶ 글자 교정본 정하기
어떤 글씨체로 활자를 만들지, 또 필요한 활자가 몇 개 있어야 되는지 정해요.

❷ 밀랍자 만들기
기다란 밀랍판에 붓으로 쓴 글씨를 뒤집어 붙이고, 조각도로 도장을 새기듯 글자 모양의 밀랍자를 만들어요.

❸ 밀랍봉에 밀랍자 붙이기
밀랍으로 여러 갈래의 가지를 만들고, 각 끝에 밀랍자를 하나씩 붙여요.

❹ 흙으로 밀랍자 싸서 말리기
밀랍자를 붙인 밀랍 가지를 고운 황토로 싼 다음, 그늘에서 잘 말려요.

❺ 열로 밀랍 녹여 내기
말린 흙에 불을 쬐면 밀랍이 녹아서 빠지고, 그 자리에 글자 공간과 쇳물이 들어갈 통로가 생겨요.

❻ 쇳물 붓기
밀랍이 녹아서 빠진 공간에 뜨거운 쇳물을 부어요.

이렇게 밀랍으로 만든 글자를 고운 황토로 싸서 불로 구우면, 밀랍이 녹아서 나와요. 그러면 밀랍이 있던 자리는 글자 모양 그대로 텅 비어 있는 거죠. 그 공간에 쇳물을 부으면, 안에서 금속 활자가 만들어지는 거랍니다. 쇳물이 식으면 흙을 부수고 금속 활자들을 떼어 내 다듬으면 되지요.

그럼 금속 활자를 만들고 책을 인쇄하는 과정을 자세히 살펴볼까요?

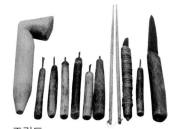

조각도
글자를 새길 때 쓰는 도구들이에요.

제본틀
책을 맬 때 고정시키는 틀이에요.

인체
사람의 머리카락이나 동물 털을 뭉친 것으로, 종이에 먹물이 잘 묻도록 문지를 때 쓰는 도구예요.

❼ 금속 활자 다듬기
쇳물이 굳으면 흙을 부수어 글자들을 떼어 내고, 잘 다듬어서 활자를 만들어요.

❽ 조판하기
책의 크기와 각 칸에 맞게 틀을 만들고, 책의 내용대로 활자를 골라서 맞추어 밀랍으로 고정시켜요.

❾ 먹물 칠하기
조합한 활자판 위에 기름기 있는 먹물을 고르게 칠해요.

> 정말 글자들이 인쇄됐네. 신기하다!

❿ 인쇄하기
그 위에 종이를 덮고, 먹물이 잘 묻도록 머리카락을 뭉친 '인체'로 문질러서 찍어 내요.

⓫ 교정하기
인쇄한 것을 보고, 잘못된 글씨 등을 찾아 고치게 해요.

⓬ 책 매기
완전하게 인쇄되면 앞뒤에 표지를 대요. 그리고 세로로 구멍을 5개 뚫고 실로 매요.

우리나라와 독일의 인쇄술

우리나라의 《직지》와 독일의 구텐베르크가 만든 《42행 성서》의 인쇄술을 비교해 볼까요? 먼저 비슷한 점으로는 이 두 가지 모두 금속 활자로 인쇄했다는 거예요. 그리고 둘 다 종교와 관련 있어요. 우리나라는 불교와 유교의 경전을 널리 알리기 위해, 독일은 기독교의 교리를 널리 알리기 위해 금속 활자 인쇄술이 발달했지요. 이런 인쇄술의 발전은 지식을 빠르게 전파하여, 문화를 발전시키는 데 큰 역할을 했답니다.

📚 전파
전하여 널리 퍼뜨리는 것을 말해요.

하지만 우리나라와 독일의 금속 활자 인쇄술에는 큰 차이점이 있어요. 우리나라는 활자 위에 종이를 덮고 문질러서 찍었는데, 독일은 인쇄기로 종이를 강하게 눌러서 찍었어요. 왜 그런 차이점이 생겼을까요? 그런 데에는 크게 두 가지 이유가 있답니다.

첫 번째는 종이가 달랐기 때문이에요. 우리나라의 한지는 종이가 얇아서 살짝만 문질러도 인쇄가 되었어요. 그래서 활자를 고정시키는 조판에 크게 신경을 쓰지 않았지요. 이 당시에는 한 번 조판을 하면 고작 10장 정도밖에 인

집중 탐구 우리나라의 《직지》

종이 : 종이가 얇고 질기다.
인쇄 재료 : 기름이 섞인 먹
활자 : 청동으로 된 활자. 활자의 길이가 짧다.
조판 : 밀랍으로 활자 고정
제본 : 실로 묶어서 제본

납작한 활자를 밀랍으로 고정시켰어요.

쇄하지 못했어요.

이와 반대로 독일의 종이는 양가죽을 두드려 만든 양피지나 두꺼운 종이여서, 강하게 눌러 찍어야 인쇄가 되었어요. 그러므로 활자가 흐트러지지 않게 고정시키는 조판에 많은 신경을 썼어요. 구텐베르크는 포도를 눌러 짜는 압력기를 이용해 인쇄기를 만들었어요. 인쇄기는 강하게 눌러서 인쇄를 하는 것이어서, 한 번 조판을 하면 180장이나 인쇄할 수 있었답니다.

두 번째는 책을 어떻게 보았는지에 대한 시각 차이예요. 우리나라는 책을 단지 지식을 전하는 수단으로 보았어요. 그때는 글자를 배우는 사람이 적어서 책을 많이 펴낼 필요가 없었어요. 그래서 특별히 조판 기술에 신경을 쓰지 않았지요.

이와는 달리 독일은 책을 팔수 있는 상품으로 보았어요. 구텐베르크는 기독교 성서를 인쇄하여 사람들에게 팔았어요. 그때는 성서를 사려는 사람들이 아주 많았기 때문에, 많은 성서를 인쇄하기 위해 인쇄기를 점점 더 발전시켰답니다.

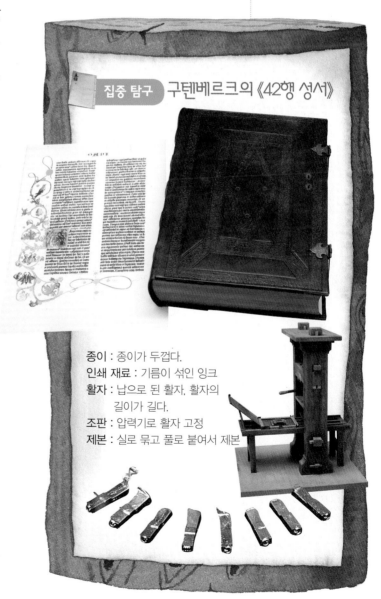

글자 수가 너무 많아

서양의 글자인 알파벳은 28자로 되어 있어요. 하지만 한자는 각 글자마다 서로 다른 뜻을 가지고 있어서, 수만 개의 글자가 필요했어요. 그래서 구텐베르크는 작은 활자 상자에 활자를 담아 놓을 수 있었지만, 우리는 붙박이처럼 된 커다란 활자장이 필요했답니다.

집중 탐구 **구텐베르크의 《42행 성서》**

종이 : 종이가 두껍다.
인쇄 재료 : 기름이 섞인 잉크
활자 : 납으로 된 활자, 활자의 길이가 길다.
조판 : 압력기로 활자 고정
제본 : 실로 묶고 풀로 붙여서 제본

구텐베르크의 《42행 성서》가 궁금해!

구텐베르크의 초상화

구텐베르크가 1455년에 완성한 《42행 성서》는 한 페이지가 42줄에 두 개의 단으로 나누어져 있어요. 이것은 손으로 쓴 화려한 필사본을 보고 그대로 만든 것이에요. 검은 글씨는 인쇄를 한 것이고, 색깔이 들어간 화려한 글자와 그림은 화가가 직접 그렸지요. 그래서 《42행 성서》는 세계에서 가장 아름다운 책 가운데 하나랍니다.

구텐베르크는 약 180권의 성서를 인쇄했는데, 값이 무척 비쌌어요. 그래서 수도원이나 대학에서, 또는 부자들만 이 성서를 살 수 있었지요. 오늘날까지 남아 있는 구텐베르크 성서는 40권이며, 대부분 박물관이나 도서관에 보관되어 있어요.

구텐베르크의 금속 활자 인쇄술은 전 유럽으로 빠르게 퍼져 나갔어요. 1500년경에는 유럽의 260개 도시에 인쇄 공장이 생겨났어요. 성서를 비롯한 종교 서적, 그리스·로마 시대의 고전 문학, 콜럼버스의 신대륙 발견

구텐베르크의 《42행 성서》
오늘날까지 남아 있는 것은 모두 40권이며, 그 가운데 일부는 양피지에, 일부는 종이에 인쇄되었어요.

이런 돌가루들을 갈아서 물감으로 썼어요.

물감을 넣어 두었던 조개껍데기

여러 가지 그림물감 재료들

구텐베르크의 인쇄소 그림
구텐베르크의 인쇄술은 인쇄소에서 일하는 직원들을 통해 1464년 로마로 퍼져 나갔어요.

보고서 등 수십만 권의 책이 인쇄되었지요. 인쇄된 글자는 손으로 쓴 글자보다 읽기가 편했어요.

　구텐베르크의 인쇄술은 16세기 초 유럽에서 일어난 종교 개혁에도 큰 영향을 미쳤어요. 그 당시 가톨릭 교회는 막강한 힘을 누리며 잘못된 일을 많이 저질렀어요. 이에 반대하여 독일의 마틴 루터를 중심으로 종교개혁 운동이 일어났어요. 많은 사람들이 루터의 글을 읽고 종교 개혁에 참여해서, 지금의 개신교인 새로운 종파가 생겨났지요. 이렇듯 구텐베르크의 인쇄술은 많은 사람들을 일깨우고, 역사 발전에도 큰 영향을 주었답니다.

옛날에도 인쇄술이 있었다?

아주 옛날에도 인쇄와 비슷한 작업이 있었어요. 비록 책에 글씨를 인쇄하는 것은 아니지만, 무언가를 새겨서 의사소통을 했다는 점은 같답니다.

1. 바위그림 : 문자가 없었던 아주 옛날, 사람들은 바위나 벽에 자기 생각을 그림으로 새겼어요.

2. 갑골문자 : 고대 중국에서 문자를 짐승 뼈에 새겼어요.

3. 돌판 : 문자가 생겨난 뒤 글을 돌판에 많이 새겼어요.

4. 도장 : 같은 모양을 여러 개 찍는 인쇄의 출발이 되었어요.

금속 활자가 인류에 미친 영향

우리나라의 금속 활자 인쇄술은 중국과 일본에 큰 영향을 주었어요. 중국은 700년경 '목판 인쇄술'을 발명하여 우리나라에 전해 주었지만, 금속 활자 인쇄술은 발전시키지 못했어요. 인구가 많았던 중국에서는 같은 내용이라도 많이 인쇄하는 것이 더 중요했어요. 그래서 한번 새겨진 목판으로 계속 찍어 내는 '목판 인쇄술'을 더 좋아했지요. 중국에서 금속 활자가 시작된 것은 1490년경이에요. 우리나라는 이미 1400년대 중반에 금속 활자를 아주 활발하게 사용하고 있었어요. 그러니 중국의 금속 활자는 우리나라의 영향을 받은 것이라고 할 수 있어요.

일본은 1592년에 우리나라를 침략했어요. 이 전쟁을 '임진왜란'이라고 하는데, 이 때 우리나라에서 금속 활자를 빼앗아 갔어요. 그리고 나서 1593년부터 금속 활자로 책을 찍었지요. 이렇듯 우리나라의 금속 활자는 중국과 일본의 금속 활자를 탄생시키는 데 큰 영향을 주었답니다.

그런데 혹시 중국과 일본뿐 아니라, 구텐베르크의 금속 활자에도 영향을 준 건 아닐까요? 옛날에는 비단길을 통해 동·서양의 무역이 활발하게 이루어졌어요. 이 비단길로 서양의 유리 공예품, 수박, 보석 등이 동양으로 전해지고, 동양의 종이, 비단, 도자기 등

집중 탐구 금속 활자 탄생 시기

나라마다 금속 활자가 만들어진 시기가 달라요. 그 시기를 알기 쉽게 나타낸 표를 살펴보아요.

1600년
일본 1592년

와, 우리나라 금속 활자가 가장 먼저네!

1500년
중국 1490년
독일 구텐베르크 1450년경

1400년
우리나라 《직지》 1377년

1300년

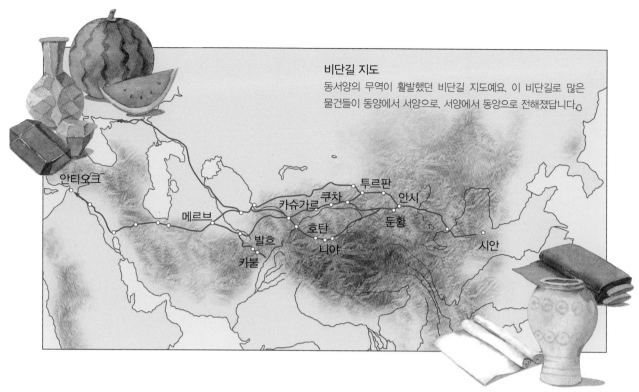

비단길 지도
동서양의 무역이 활발했던 비단길 지도예요. 이 비단길로 많은 물건들이 동양에서 서양으로, 서양에서 동양으로 전해졌답니다.

안티오크
메르브
발흐
카불
카슈가르
호탄
니야
쿠차
투르판
안시
둔황
시안

이 서양으로 전해졌지요.

우리나라의 금속 활자 기술이 구텐베르크에게 전해졌다는 뚜렷한 증거는 없어요. 하지만 구텐베르크는 동·서양의 물건들이 모이는 프랑스의 도시, 스트라스부르에서 10년 동안 금·은 세공술을 익혔어요. 그런 다음 고향인 독일 마인츠에 와서 곧바로 금속 활자를 발명해 냈지요.

그 옛날, 활자를 만든다는 것은 아주 어려운 작업이었어요. 따라서 구텐베르크가 10년 동안 머물던 스트라스부르에서 동양의 금속 활자 기술을 알게 되었을 가능성도 충분히 있답니다.

여기서 **잠깐!**

다음에 들어갈 말은 무엇일까요?

1925년 토마스 카터가 쓴 책을 보면, 종이 만드는 법과 (　　　)이 중국에서 유럽으로 전해졌다고 나와 있어요. 이것을 볼 때 금속 활자 인쇄술도 서양으로 전해졌을 가능성이 있어요.

보기
목판 인쇄술
금은 세공술
가죽 가공술

동양에서 먼저 시작되어 발달된 것을 찾아보세요.

정답은 56쪽에

직지를 찾아 떠나는 여행

《직지》가 탄생한 청주 흥덕사는 어떤 모습일까요?
고려 시대의 절이었던 흥덕사는 지금은 사라지고 없어요.
하지만 우연히 그 터와 유물들이 발견되어
예전의 흥덕사를 다시 복원할 수 있었답니다.
그리고 그 옆에 '청주 고인쇄 박물관'을 세웠지요.
찬란한 문화와 역사의 현장, 청주! 지금부터 《직지》를 찾아
본격적인 체험학습을 떠나 보아요.

흥덕사 터를 발굴하다

《직지》를 인쇄했던 흥덕사는 언제, 누가 세웠는지 알 수 없어요. 흥덕사의 자취나 역사를 짐작하게 하는 기록도 없고요. 단지 《직지》 끝장에 '청주목외흥덕사'라고만 쓰여 있을 뿐, 그 위치가 확인되지 않았어요.

그런데 1985년 우연히 흥덕사 터가 발견되었어요. 충청북도와 청주대학교 박물관이 절터를 조사하다가, 주택지 공사 현장에서 청동으로 만든 종, 불교 도구, 기와 등 유물 25점을 발견했어요. 그리고 발굴 작업이 거의 끝나갈 무렵, 땅이 파헤쳐져 있던 곳에서 '흥덕사'라고 새겨진 북과 '황통 10년 흥덕사'라고 새겨진 그릇 등이 나왔지요.

이로써 《직지》를 인쇄했던 흥덕사의 위치가 확인된 거예요! 아마 개발을 멈추지 않았다면, 청주 흥덕사는 역사 속에 묻히고 말았을 거예요. 흥덕사는 1986년에 사적 제315호로 지정되었어요.

집중 탐구 흥덕사 터에서 발굴된 유물

흥덕사 터

청동불발
절에서 사용하는 청동 그릇이에요. 가장자리에 새겨진 40개의 글자 가운데 '흥덕사'라는 글자가 있어요.

철불나발
금당이 있던 자리에서 쇠로 된 불상 머리카락 조각이 나왔어요.

청동금구
절에서 시간을 알리는 데 사용한 청동으로 만든 북이에요. 옆면에 '흥덕사'라는 글자가 새겨져 있어요.

기와
'대중 3년'이라는 글씨가 새겨져 있는데, 이것은 849년에 흥덕사가 세워졌다는 뜻이에요.

이런 유물들 때문에 흥덕사가 있었다는 것을 알게 되었어요.

흥덕사는 《직지》를 비롯하여 《자비도량참법집해》 등을 금속 활자로 인쇄한 곳이에요. 한마디로 금속 활자 인쇄술이 꽃피었던 곳이지요. 이 흥덕사는 어떤 모습의 절이었을까요?

학자들은 흥덕사 터와 유물들을 조사하며 연구했어요. 그 결과 흥덕사 건물이 삼국 시대부터 내려온 전통적인 절의 모습인 것으로 확인되었어요. 남쪽의 문 터와 서쪽의 건물 터는 주택지를 만드는 공사로 파괴되어 알 수 없었지요. 다만 서쪽 건물 터는 바닥에 벽돌이 깔려 있어서, 특별한 용도로 쓰였던 것으로 생각돼요.

1991년에 흥덕사의 금당과 3층 석탑을 복원하고, 회랑 터와 강당 터는 주춧돌이 드러나도록 잔디를 심어서 정리했어요. 그리고 흥덕사에서 《직지》를 인쇄한 것을 기념하기 위해, 흥덕사 옆에 '청주 고인쇄 박물관'을 세웠답니다.

흥덕사가 다시 세워진 배경

청주 흥덕사 터가 발굴된 1985년, 때마침 프랑스를 방문했던 전두환 대통령이 국립도서관에서 《직지》를 보게 되었어요. 대통령은 박병선 박사와 이야기를 나누면서 《직지》의 중요성을 새삼 깨닫게 되었지요. 그래서 우리나라로 돌아온 뒤, 청주 흥덕사 터의 보존과 함께 전시관을 지을 것을 지시했답니다.

🏠 **주택지**
주택을 짓기에 알맞은 지역을 말해요.

🏠 **복원**
원래의 상태를 되찾는 것을 말해요.

다시 세워진 흥덕사의 금당
이 건물은 부처님을 모셨던 건물이에요. 지붕 위의 큰 기와인 '치미'가 발견되었기 때문에 그 크기에 맞추어 건물을 복원할 수 있었어요.

치미 ─

흥덕사의 금당과 3층 석탑이 제 모습을 되찾았어요.

청주 고인쇄 박물관을 가다

흥덕사 옆에 세워진 '청주 고인쇄 박물관'은 과연 어떤 곳일까요? 지금부터 청주 고인쇄 박물관에 대해 자세히 알아보아요.

청주 고인쇄 박물관은 우리나라와 세계의 인쇄 발달 과정을 한눈에 볼 수 있는 '인쇄 문화 전문 박물관'이에요. 이 곳은 1992년 3월 17일에 문을 열었어요. 박물관 지붕은 접시를 엎어 놓은 모양이고, 기념비는 둥근 쇠북이 땅에서 솟아 나오는 모습이며, 정문은 커다란 치미처럼 생겼어요. 흥덕사의 유물을 짐작해 볼 수 있는 모습이랍니다.

여기에는 목판 인쇄에서 금속 활자에 이르기까지 각 인쇄 발달 과정이 자세히 전시되어 있어요. 또 고려·조선 시대의 옛 책과 인쇄 도구, 흥덕사 터에서 발굴된 유물 등 총 2,600여 점의 유물들이 전시되어 있답니다.

와, 박물관이다!

'직지'가 한자로 쓰여 있네.

청주 고인쇄 박물관은 지하 1층, 지상 2층의 건물로 되어 있어요. 그 안에는 직지를 중심으로 금속 활자에 대한 내용으로 구성된 1전시관, 고려와 조선의 인쇄 문화를 다룬 2전시관, 동양과 서양의 인쇄 문화를 비교해 보여 주는 3전시관으로 나뉘어 있어요. 그 밖에 홍보 영상실과 기획 전시실 등도 있답니다.

청주 고인쇄 박물관은 우리 민족이 세계 최초로 금속 활자를 발명하여 발전시킨 문화 민족임을 전 세계에 알리고 있어요. 우선 《직지》에 관련된 자료들을 모아 인터넷 사이트를 만들었어요. 그리고 독일, 중국 등 세계적인 인쇄 박물관과 자매결연을 맺어 여러 가지 연구를 함께 하고 있답니다.

자매결연
다른 지역이나 단체와 서로 돕거나 교류하기 위해 친선 관계를 맺는 것을 말해요.

청주 고인쇄 박물관에 가기 전에

미리 알아 두세요

관람 시간 : 오전 9시~오후 6시
관람료 : 무료
휴관일 : 매주 월요일, 1월 1일, 설날, 추석날(당일 오후 2시까지)
문의 : (043)201-4266
주소 : 충청북도 청주시 흥덕구 직지대로 713

가는 방법

고속도로 : 경부고속도로 → 청주 IC → 8km
중부고속도로 → 서청주 IC → 5km
고속버스 : 청주 고속버스터미널 → 터미널 앞 버스정류장에서 831번 버스를 탐 → 예술의전당 정류장에서 내림

직지 동판

자, 그럼 청주 고인쇄 박물관의 전시실을 하나하나 자세히 둘러볼까요?

1전시관

전시관에 들어서면, 먼저 《직지》의 활자판을 복원하여 책 모양으로 배열한 조형물을 볼 수 있어요. 1전시관은 《직지》를 중심으로 고려의 금속 활자 인쇄술과 청주 흥덕사 관련 자료를 전시하고 있어요. '청주와 직지' 전시실에서는 《직지》가 탄생한 청주의 문화와 역사를 영상으로 소개해요. '직지의 탄생과 여정'에서는 《직지》와 관련된 유물이 전시되어 있어요. 그리고 《직지》가 프랑스로 건너가게 된 이야기를 영상으로 또 자세히 소개해 준답니다.

'흥덕사' 전시실에서는 흥덕사 터에서 발굴된 여러 가지 유물이 전시되어 있고, 발굴 과정을 영상으로 보여 줘요. '활자로 태어난 직지' 전시실에서는 《직지》 금속 활자를 주조할 때 활용한 '밀랍주조법'의 전 과정을 자세히 살펴볼 수 있어요. 금속 활자 발명의 역사적 의미와 가치를 알 수 있답니다.

2전시관

여기에서는 고려 시대부터 조선 시대에 이르기까지 우리나라 인쇄의 역사를 보여 주고 있어요. 신라 시대의 '무구정광대다라니경', 고려 시대의 '해인사 팔만대장경'과 '직지 금속 활자' 등이 전시되어 있어요. 또 조선 시대에 발전시킨 여러 금속 활자들과 그것으로 인쇄한 많은 책들도 차례로 전시되어 있답니다.

조선 시대의 대동여지전도
우리나라의 모습을 목판으로 인쇄한 지도예요.

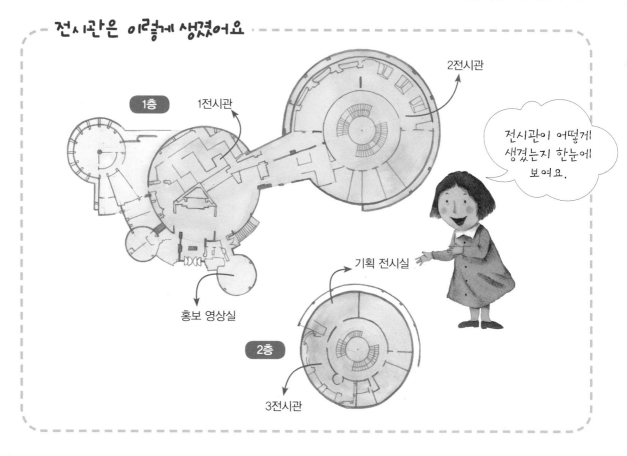

전시관은 이렇게 생겼어요

1층

1전시관

2전시관

홍보 영상실

2층

기획 전시실

3전시관

전시관이 어떻게 생겼는지 한눈에 보여요.

3전시관

2층으로 올라가면 3전시관이 있어요. 여기에서는 동서양 인쇄 문화의 공통점과 차이점을 비교해서 볼 수 있어요. 동양의 인쇄 문화 구역에서는 중국에서 만들어진 종이가 다른 나라로 전해진 과정, 한지를 만드는 법 등이 잘 전시되어 있어요. 또 서양의 인쇄 문화 구역에서는 구텐베르크의 금속 활자와 인쇄기, 《42행 성서》를 볼 수 있지요. 그 밖에 현대의 여러 인쇄기와 미래의 전자책 등도 전시되어 있답니다.

> 직지 문화 학교를 열다
>
> 청주 고인쇄 박물관은 2000년부터 '직지 문화 학교'를 열고 있어요. 매년 1기, 2기 두 번에 걸쳐 열리는데, 사람들이 아주 좋아 한답니다. 인쇄 문화와 관련된 강의를 듣고, 직접 체험 활동도 해 볼 수 있어서 매우 흥미로워요. 어린이를 대상으로 한 '어린이 직지 문화 학교'도 있어요. 참, 수강료는 따로 없답니다!

동양과 서양은 인쇄 방법이 서로 달랐어요!

독일 구텐베르크의
금속 활자와 도구들

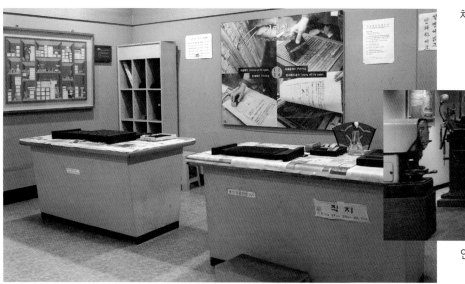

체험실

인쇄 기기

　이런 전시실 말고도 여러 가지 볼거리들이 많아요. 관람객들이 관람을 마치고 휴식을 즐길 수 있는 '직지 쉼터', 직지와 관련된 영상 자료를 4개 국어로 볼 수 있는 '홍보 영상실'도 있거든요. 그 밖에 1 전시관에 유네스코 직지상의 유래부터 역대 수상 기관에 대해 소개하는 '유네스코 직지상'실도 있답니다.

　어때요, 청주 고인쇄 박물관을 재미있게 보았나요? 세계의 인쇄 문화를 한눈에 볼 수 있는 청주 고인쇄 박물관. 우리 조상들의 지혜도 엿볼 수 있는 소중한 곳이랍니다.

여기서 잠깐!

이것은 무엇일까요?

3전시관에는 옛날 사람들이 공부할 때 사용했던 종이, 붓, 먹, 벼루를 함께 전시하고 있어요. 이 네 가지 문구를 통틀어 무엇이라고 불렀을까요?

(　　　　　　　　　　　)

보기	사총사　　문방사우　　문구사선

이 말은 '네 가지 문방구 친구'라는 뜻이에요.

정답은 56쪽에

《직지》를 찾습니다

　《직지》는 현재 프랑스 국립도서관에 있어요. 우리나라의 소중한 문화 유산이 다른 나라에 있다니 정말 안타깝지요? 그래서 우리나라 어디엔가에 있을 또다른 《직지》를 찾기 위해 많은 노력을 하고 있답니다. 《직지》는 금속 활자로 인쇄했기 때문에 한 번에 여러 권을 만들었을 테니까요.

　하지만 사람들이 관심을 갖지 않는다면 아무 소용이 없겠지요. 그래서 《직지》를 널리 알리기 위해 청주 고인쇄 박물관을 중심으로 다양한 활동이 벌어지고 있어요. 옛 인쇄 문화 전시회, 직지 찾기 운동, 사이버 박물관 등을 통해 사람들에게 《직지》의 가치를 많이 알리고 있지요. 또 청주시에서도 2년에 한 번 '청주 직지 축제'를 열어, 사람들이 우리의 옛 인쇄 문화를 느낄 수 있도록 하고 있답니다.

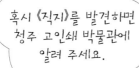

혹시 《직지》를 발견하면 청주 고인쇄 박물관에 알려 주세요.

《직지》 찾기 운동

《직지》 찾기 운동은 1996년 '청주 시민회'에서 처음 시작했어요. 그 뒤 청주 고인쇄 박물관이 참가해 전국을 대상으로 《직지》를 찾고 있지요. 현재 《직지》 찾기 운동에 참여하는 단체들도 점점 많아지고 있고, 그 운동은 외국으로까지 확대되고 있어요. 하지만 안타깝게도 아직까지 찾지 못했어요.

와, 직지상을 보니 정말 자랑스러워요.

직지상 수상 모습
'2007 유네스코 직지상'은 오스트리아 과학학술원 음성기록보관소가 수상했어요.

또 우리나라뿐 아니라 외국《직지》의 가치를 알렸어요. 그 노력의 결과로《직지》가 유네스코 세계기록유산으로 등재되었지요. 또 하나 주목할 것은 2004년 유네스코에서 '직지상'을 만든 점이에요. 이 상은 유네스코가 세계기록유산의 보존과 활용에 크게 기여한 단체나 사람을 시상하기 위해 만든 거예요. 이 상의 이름을 정하면서《직지》를 본떠 '직지상'으로 결정한 거랍니다. 현재 남아 있는 세계 최초의 금속 활자본《직지》를 그만큼 높이 평가한 것이지요. '직지상'은 2005년부터 2년마다 시상하고 있어요.

직지상
직지상의 상패는 노리개가 달린 두루마리 형태예요.

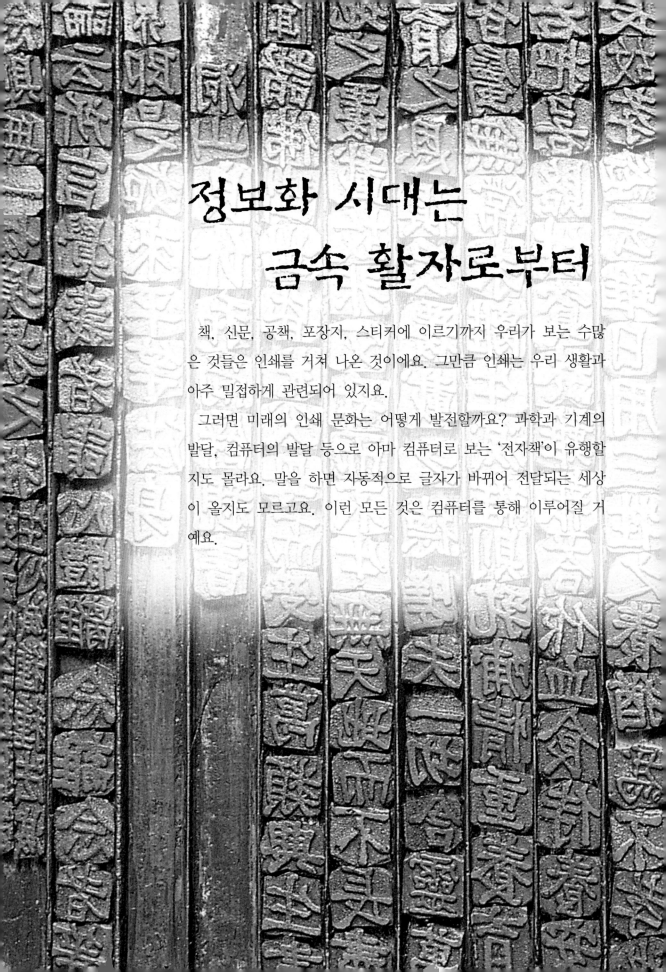

정보화 시대는 금속 활자로부터

　책, 신문, 공책, 포장지, 스티커에 이르기까지 우리가 보는 수많은 것들은 인쇄를 거쳐 나온 것이에요. 그만큼 인쇄는 우리 생활과 아주 밀접하게 관련되어 있지요.

　그러면 미래의 인쇄 문화는 어떻게 발전할까요? 과학과 기계의 발달, 컴퓨터의 발달 등으로 아마 컴퓨터로 보는 '전자책'이 유행할지도 몰라요. 말을 하면 자동적으로 글자가 바뀌어 전달되는 세상이 올지도 모르고요. 이런 모든 것은 컴퓨터를 통해 이루어질 거예요.

　우리의 금속 활자 인쇄술은 세계 여러 나라에 영향을 주었어요. 지금은 컴퓨터 자판이 인터넷 시대와 정보화 시대를 이끌고 있지만, 그 어머니는 금속 활자라고 말할 수 있어요. 그것이 세계 최초로 우리 조상들에 의해 발명되었다니, 정말 가슴이 벅차오르는 일이지요.

　우리 조상들에게 우리가 후손으로서 보답할 수 있는 일은 무엇일까요? 그것은 하루 빨리 어딘 가에서 고요히 잠들어 있을지 모르는 《직지》를 찾아 내는 일일 거예요. 소중한 우리 문화 유산을 찾고, 보존하기 위해 어떤 노력을 기울여야 할지 곰곰히 생각해 보도록 해요.

인쇄와 관련된 곳들을 탐방해요!

청주 고인쇄 박물관 말고도 인쇄와 관련된 곳들이
여러 군데 있어요. 책, 신문, 종이 등을 중심으로
인쇄와 출판의 역사를 함께 보여 주는 곳이지요.
각각은 어디에 있으며 어떤 곳인지
한번 자세히 살펴봐요.

경기도

충청남도

전라북도

전라남도

제주도

① 삼성 출판 박물관 (www.ssmop.org)

출판물과 여러 인쇄 문화와 관련된 자료를 각 시대
의 특징에 따라 발굴, 보관, 전시하고 있는 곳이에요.
옛 활자, 문방사우 등이 전시되어 있고, 각종 종이
만드는 과정과 사용 방법을 실물 또는 그림으로 볼
수 있어요.

주소 서울특별시 종로구 비봉길 2-2

전화 02)394-6544

② 신문박물관 (www.presseum.or.kr)

신문의 모든 과정을 체험할 수 있어요. 우리나라와
세계 각국의 신문을 볼 수 있으며, 영상 매체를 이용
한 미래의 신문 형태와 내용도 볼 수 있어요.

주소 서울특별시 종로구 세종대로 52 일민미술관 5,6층

전화 02)2020-1880

강원도

충청북도

경상북도

경상남도

③

여기들을 다
둘러보면 인쇄 박사가
되겠는걸?

③ 해인사 팔만대장경 (www.haeinsa.or.kr)

해인사는 우리나라에서 가장 유명한 절 가운데 하나
로 가야산에 있어요. 절 안에 장경판전이 있고, 그 안
에 팔만대장경이 보관되어 있지요. 그 밖에 국보, 보
물 등 70여 점의 유물도 있어요.

주소 경상남도 합천군 가야면 해인사길 122

전화 (055)934–3000

④ 전주 한지 박물관

(www.hanjimuseum.co.kr)

우리나라와 세계의 종이 역사를 볼 수 있는 곳이에요.
종이와 관련된 1,800여 점의 유물과 자료를 가지고 있
어요. 세계적으로 우수한 제조 기술로 만들어 내는 우
리나라의 한지를 '한지 재현관'에서 직접 만들어 볼
수 있어요.

주소 전라북도 전주시 덕진구 팔복동 2가 180

전화 063)210–8103

나는 직지심체요절 박사!

《직지》에 대한 내용을 잘 보았나요? 우리가 금속 활자를 세계 최초로 만들었다니, 정말 기분이 뿌듯하지요? 자, 그러면 우리의 소중한 문화 유산인 《직지》에 대해 얼마나 알고 있는지 문제를 풀어 보세요.

❶ 도전! 골든벨 퀴즈

다음은 《직지》에 대한 설명이에요. 내용이 맞으면 ○표, 틀리면 ×표 하세요.

1. 우리나라에서 금속 활자로 인쇄한 책 가운데 가장 오래된 책이에요. (　　) 4쪽 참고

2. 나라를 다스리는 왕의 마음과 몸가짐에 대해 쓴 책이에요. (　　) 6쪽 참고

3. 1377년 청주 흥덕사에서 인쇄했어요. (　　) 4쪽 참고

4. 금속 활자를 만들 때 밀랍을 사용했어요. (　　) 26쪽 참고

5. 표지는 네 번 꿰매는 '사침안정법'을 사용했어요. (　　) 9쪽 참고

6. 흥덕사 터에서 돌로 만든 불상이 발굴되었어요. (　　) 36쪽 참고

7. 유네스코 세계기록유산으로 등재되었어요. (　　) 16쪽 참고

8. 상·하 두 권으로 되어 있는데, 두 권 모두 프랑스 국립도서관에 있어요. (　　) 10쪽 참고

❷ 다음은 누구에 대한 설명일까요?

다음은 《직지》와 관련된 사람들이에요. 아래 설명은 누구에 대한 내용일까요? 각 설명에 알맞은 이름을 줄로 이어 보세요.

백운화상　●

박병선　●

콜랭 드 플랑시　●

달잠, 석찬　●

●　금속 활자를 만들어 《직지》를 인쇄했어요.

●　프랑스 국립도서관에서 일하면서 《직지》가 금속 활자본임을 밝혀 냈어요.

●　우리나라에서 《직지》를 수집해 프랑스로 가져갔어요.

●　부처와 유명한 승려들의 훌륭한 말씀들을 모아서 《직지》를 썼어요.

❸ 표지에서 어떤 내용을 알 수 있을까요?

《직지》 표지를 잘 보면, 몇 가지 중요한 내용들을 알 수 있어요. 다음 설명 가운데 빈 칸에 들어갈 알맞은 말을 써 보세요.

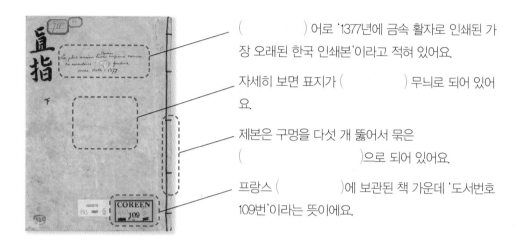

(　　　　　) 어로 '1377년에 금속 활자로 인쇄된 가장 오래된 한국 인쇄본'이라고 적혀 있어요.

자세히 보면 표지가 (　　　　) 무늬로 되어 있어요.

제본은 구멍을 다섯 개 뚫어서 묶은
(　　　　　　　)으로 되어 있어요.

프랑스 (　　　　)에 보관된 책 가운데 '도서번호 109번'이라는 뜻이에요.

❹ 각 자리에 알맞은 특징들을 고르세요.

여러 실험을 통해 《직지》가 금속 활자본임이 밝혀졌어요. 목판본과 금속 활자본에는 몇 가지 커다란 차이점이 있어요. 어떤 차이점이 있는지 아래 빈 칸에 나머지 번호들을 써 넣으세요.

① 다른 면에 똑같은 모양의 글자가 있어요.
② 글자가 시커멓거나 흐리게 찍혀 있어요.
③ 글자의 획에 기포 흔적과 티가 남아 있어요.

④ 삐뚤어진 글자들이 있어요.
⑤ 나뭇결이나 칼자국이 없어요.
⑥ 거꾸로 찍힌 글자가 있어요.

목판본이 아닌 활자본이에요!

①

나무 활자가 아닌 금속 활자예요!

③

정답은 56쪽에

나는 직지심체요절 박사!

❺ 흥덕사 터에서 발굴된 유물과 설명 연결하기!

다음은 흥덕사 터에서 발굴된 유물이에요. 각 설명에 알맞은 것끼리 줄로 이어 보세요.

청동금구 ●

● 절에서 시간을 알리는 데 사용한 청동 북이에요.

청동불발 ●

● 쇠로 된 불상의 머리카락 조각이에요.

철불나발 ●

● 절에서 사용하는 청동으로 된 그릇이에요.

기와 ●

● 849년에 흥덕사가 세워졌다는 뜻의 글씨가 새겨져 있어요.

❻ 《직지》 만드는 과정을 알아 맞혀 보세요.

다음은 《직지》 금속 활자를 만드는 과정이에요. 만드는 순서에 따라 번호를 빈 칸에 차례대로 써 넣으세요.

글자 교정본 정하기

먹물 칠하기

흙으로 밀랍자 싸서 말리기

밀랍자 만들기

책 매기

금속 활자 다듬기

쇳물 붓기

열로 밀랍 녹여 내기

교정하기

조판하기

인쇄하기

밀랍봉에 밀랍자 붙이기

7 우리나라의 《직지》와 독일 구텐베르크의 《42행 성서》

다음은 우리나라의 《직지》와 독일 구텐베르크의 《42행 성서》에 대한 내용이에요. 각 빈 칸에 들어갈 알맞은 말을 보기 에서 찾아 써 넣으세요.

보기	짧다　길다　두껍다　얇다　압력기　밀랍　먹　잉크

우리나라의 《직지》

활자 : 쇠로 된 활자, 활자의 길이가 (　　　).

종이 : 종이가 (　　　).

조판 : (　　　)으로 활자 고정

인쇄 재료 : 기름이 섞인 (　　　)

제본 : 실로 묶어서 제본

독일 구텐베르크의 《42행 성서》

활자 : 납으로 된 활자, 활자의 길이가 (　　　).

종이 : 종이가 (　　　).

조판 : (　　　)로 활자 고정

인쇄 재료 : 기름이 섞인 (　　　)

제본 : 실로 묶고 풀로 붙여서 제본

8 인쇄와 관련된 곳들을 찾아보세요

우리나라에는 인쇄와 관련된 곳들이 많이 있어요. 지도에 표시된 곳은 어떤 곳인지 보기 에서 찾아 쓰세요.

보기	삼성 출판 박물관　　전주 한지 박물관　　해인사

옛 활자, 문방사우, 각종 종이 등이 전시되어 있어요.

(　　　　)

팔만대장경을 보관하고 있는 절이에요.

(　　　　)

우리나라와 세계의 종이 역사를 볼 수 있는 곳이에요.

(　　　　)

정답은 56쪽에

박물관 견학책을 만들어요

청주 고인쇄 박물관과 인쇄와 관련된 다른 박물관들을 견학해 보았나요? 그럼 박물관 견학책을 만들어 탐방한 내용을 정리해 보세요. 《직지》처럼 직접 인쇄하고 실로 묶어서 옛날 책처럼 만들어 보면 더 좋겠죠? 아래에 간단하고 쉬운 방법이 나와 있으니, 따라서 만들어 보세요. 나만의 멋진 견학책이 될 거예요.

준비물

고무지우개와 조각도, 먹물
고무지우개는 글자를 조각할 수 있을 정도로 두껍고 커다란 것이 좋아요. 나중에 글자를 찍을 먹물도 준비하세요.

흰 종이와 색상지
견학책 안에 들어갈 흰 종이들을 여러 장 준비하세요. 앞뒤 표지로 만들 색상지는 약간 두꺼운 것이 좋아요.

송곳과 두꺼운 실
책을 꿰맬 때 필요한 송곳과 두꺼운 실을 준비하세요. 실은 되도록이면 색깔이 있고, 충분히 긴 것이 좋아요.

사인펜
견학 내용을 예쁘게 꾸밀 사인펜 등을 준비하세요. 여러 가지 색깔로 멋지게 꾸며 보세요.

표지 만들기

표지로 쓸 예쁜 색상지를 골라서 책 크기에 맞게 잘라요. 그런 다음 표지에 들어갈 글자를 고무지우개에 새겨서 먹물로 찍으면, 멋진 표지를 만들 수 있어요.

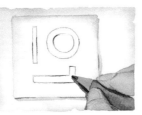

1. 뒤집힌 형태의 글자를 고무지우개에 연필로 그려요.

2. 글자 테두리를 따라 조각도로 칼집을 내요.

3. 칼집 옆에 골을 낸 다음, 글씨가 아닌 곳을 파내요.

4. 볼록한 글자에 먹물을 묻혀서 표지에 찍어요.

책 안에 들어갈 흰 종이와 앞뒤 표지를 합쳐서 송곳으로 다섯 개의 구멍을 뚫어요. 그런 다음 굵은 실로 아래 순서에 따라 매요. 순서가 좀 복잡하니까, 실이 지나간 자리를 잘 보고 따라 하세요.

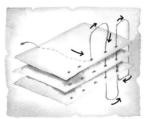

1. 책 두께의 반쯤 되는 곳을 펴서 가운데 구멍부터 실을 끼워 나가요.

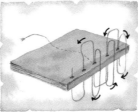

2. 책등 옆으로 매는 형태가 번갈아 나와요. 구멍 한 개에 실이 세 번씩 지나가요.

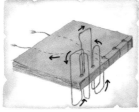

3. 실이 구멍들을 세 번씩 다 지나게 되면 처음 시작한 구멍으로 돌아와요.

4. 시작한 부분과 끝난 부분을 서로 묶어서 마무리해요.

책을 다 만들었나요? 그럼 책 안에 박물관 사진을 붙이고, 견학한 내용과 느낌을 쓰세요. 색종이나 사인펜으로 예쁘게 꾸미면 더 좋겠죠?
나만의 박물관 견학책 완성!

정답

나는 직지심체요절 박사!

① 도전! 골든벨 퀴즈

1. 우리나라에서 금속 활자로 인쇄한 책 가운데 가장 오래된 책이에요. (○)

2. 나라를 다스리는 왕의 마음과 몸가짐에 대해 쓴 책이에요. (×)

3. 1377년 청주 흥덕사에서 인쇄했어요. (○)

4. 금속 활자를 만들 때 밀랍을 사용했어요. (○)

5. 표지는 네 번 꿰매는 '사침안정법'을 사용했어요. (×)

6. 흥덕사 터에서 돌로 만든 불상이 발굴되었어요. (×)

7. 유네스코 세계기록유산으로 등재되었어요. (○)

8. 상·하 두 권으로 되어 있는데, 두 권 모두 프랑스 국립도서관에 있어요. (×)

② 다음은 누구에 대한 설명일까요?

백운화상 — 금속 활자를 만들어 《직지》를 인쇄했어요.

박병선 — 프랑스 국립도서관에서 일하면서 《직지》가 금속 활자본임을 밝혀 냈어요.

콜랭 드 플랑시 — 우리나라에서 《직지》를 수집해 프랑스로 가져 갔어요.

달잠, 석찬 — 부처와 유명한 승려들의 훌륭한 말씀들을 모아서 《직지》를 썼어요.

③ 표지에서 어떤 내용을 알 수 있을까요?

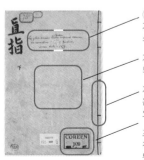

(프랑스) 어로 '1377년에 금속 활자로 인쇄된 가장 오래된 한국 인쇄본'이라고 적혀 있어요.

자세히 보면 표지가 (능화판) 무늬로 되어 있어요.

제본은 구멍을 다섯 개 뚫어서 묶은 (오침안정법)으로 되어 있어요.

프랑스 (국립도서관)에 보관된 책 가운데 '도서번호 109번'이라는 뜻이에요.

④ 각 자리에 알맞은 특징들을 고르세요!

목판본이 아닌 활자본이에요!
① ② ④ ⑥

나무 활자가 아닌 금속 활자예요!
③ ⑤

⑤ 흥덕사 터에서 발굴된 유물과 설명 연결하기!

청동금구 — 절에서 사용하는 청동으로 된 그릇이에요.

청동불발 — 849년에 흥덕사가 세워졌다는 뜻의 글씨가 새겨져 있어요.

철불나발 — 쇠로 된 불상의 머리카락 조각이에요.

기와 — 절에서 시간을 알리는 데 사용한 청동 북이에요.

⑥ 《직지》 만드는 과정을 알아 맞혀 보세요.

1 글자 교정본 정하기
9 먹물 칠하기
4 흙으로 밀랍자 싸서 말리기
2 밀랍자 만들기
12 책 매기
7 금속 활자 다듬기
6 쇳물 붓기
5 열로 밀랍 녹여 내기
11 교정하기
8 조판하기
10 인쇄하기
3 밀랍봉에 밀랍자 붙이기

⑦ 우리나라의 《직지》와 독일 구텐베르크의 《42행 성서》

우리나라의 《직지》	독일 구텐베르크의 《42행 성서》
활자 : 쇠로 된 활자, 활자의 길이가 (짧다)	활자 : 납으로 된 활자, 활자의 길이가 (길다)
종이 : 종이가 (얇다)	종이 : 종이가 (두껍다)
조판 : (밀랍)으로 활자 고정	조판 : (압력기)로 활자 고정
인쇄 재료 : 기름이 섞인 (먹)	인쇄 재료 : 기름이 섞인 (잉크)
제본 : 실로 묶어서 제본	제본 : 실로 묶고 풀로 붙여서 제본

⑧ 인쇄와 관련된 곳들을 찾아보세요

옛 활자, 문방사우, 각종 종이 등이 전시되어 있어요.
(청주 고인쇄 박물관)

팔만대장경을 보관하고 있는 절이에요.
(해인사)

우리나라와 세계의 종이 역사를 볼 수 있는 곳이에요.
(전주 한지 박물관)

사진 및 그림

초등학교 교과서와 관련된 학년별 현장 체험학습 추천 장소

1학년 1학기 (21곳)	1학년 2학기 (18곳)	2학년 1학기 (21곳)	2학년 2학기 (25곳)	3학년 1학기 (31곳)	3학년 2학기 (37곳)
철도박물관	농촌 체험	소방서와 경찰서	소방서와 경찰서	경희대자연사박물관	IT월드(과천정보나라)
소방서와 경찰서	광릉	서울대공원 동물원	서울대공원 동물원	광릉수목원	강원도
시민안전체험관	홍릉 산림과학관	농촌 체험	강릉단오제	국립민속박물관	경희대자연사박물관
천마산	소방서와 경찰서	천마산	천마산	국립서울과학관	광릉수목원
서울대공원 동물원	월드컵공원	남산골 한옥마을	월드컵공원	국립중앙박물관	국립경주박물관
농촌 체험	시민안전체험관	한국민속촌	남산골 한옥마을	기상청	국립고궁박물관
코엑스 아쿠아리움	서울대공원 동물원	국립서울과학관	한국민속촌	서대문자연사박물관	국립국악박물관
선유도공원	우포늪	서울숲	농촌 체험	선유도공원	국립부여박물관
양재천	철새	갯벌	서울숲	시장 체험	국립서울과학관
한강	코엑스 아쿠아리움	양재천	양재천	신문박물관	남산
에버랜드	짚풀생활사박물관	동굴	선유도공원	경상북도	남산골 한옥마을
서울숲	국악박물관	고성 공룡박물관	불국사와 석굴암	양재천	롯데월드 민속박물관
갯벌	천문대	코엑스 아쿠아리움	국립중앙박물관	경기도	국립민속박물관
고성 공룡박물관	자연생태박물관	옹기민속박물관	국립민속박물관	이화여대자연사박물관	삼성어린이박물관
서대문자연사박물관	세종문화회관	기상청	전쟁기념관	전쟁기념관	서대문자연사박물관
옹기민속박물관	예술의 전당	시장 체험	판소리	천마산	선유도공원
어린이 교통공원	어린이대공원	에버랜드	DMZ	한강	소방서와 경찰서
어린이 도서관	서울놀이마당	경복궁	시장 체험	화폐금융박물관	시민안전체험관
서울대공원		강릉단오제	광릉	호림박물관	경상북도
남산자연공원		몽촌역사관	홍릉 산림과학관	홍릉 산림과학관	월드컵공원
삼성어린이박물관		국립현대미술관	국립현충원	우포늪	육군사관학교
			국립4·19묘지	소나무 극장	해군사관학교
			지구촌민속박물관	예지원	공군사관학교
			우정박물관	자운서원	철도박물관
			한국통신박물관	서울타워	이화여대자연사박물관
				국립중앙과학관	제주도
				엑스포과학공원	천마산
				올림픽공원	천문대
				전라남도	태백석탄박물관
				경상남도	판소리박물관
				허준박물관	한국민속촌
					임진각
					오두산 통일전망대
					한국천문연구원
					종이미술박물관
					짚풀생활사박물관
					토탈야외미술관

4학년 1학기 (34곳)	4학년 2학기 (56곳)	5학년 1학기 (35곳)	5학년 2학기 (51곳)	6학년 1학기 (36곳)	6학년 2학기 (39곳)
강화도	IT월드(과천정보나라)	갯벌	IT월드(과천정보나라)	경기도박물관	IT월드(과천정보나라)
갯벌	강화도	광릉수목원	강원도	경복궁	KBS 방송국
경희대자연사박물관	경기도박물관	국립민속박물관	경기도박물관	덕수궁과 정동	경기도박물관
광릉수목원	경복궁 / 경상북도	국립중앙박물관	경복궁	경상북도	경복궁
국립서울과학관	경주역사유적지구	기상청	덕수궁과 정동	고성 공룡박물관	경희대자연사박물관
기상청	경희대자연사박물관	남산골 한옥마을	경상북도	국립민속박물관	광릉수목원
농촌 체험	고창, 화순, 강화 고인돌유적	농업박물관	경희대자연사박물관	국립서울과학관	국립민속박물관
서대문자연사박물관	전라북도	농촌 체험	고인쇄박물관	국립중앙박물관	국립중앙박물관
서대문형무소역사관	고성 공룡박물관	서울국립과학관	충청도	농업박물관	국회의사당
서울역사박물관	충청도	서울대공원 동물원	광릉수목원	롯데월드 민속박물관	기상청
소방서와 경찰서	국립경주박물관	서울숲	국립공주박물관	몽촌토성과 풍납토성	남산
수원화성	국립민속박물관	서울시청	국립경주박물관	민주화현장	남산골 한옥마을
시장 체험	국립부여박물관	서울역사박물관	국립고궁박물관	백범기념관	대법원
경상북도	국립서울과학관	시민안전체험관	국립민속박물관	서대문자연사박물관	대학로
양재천	국립중앙박물관	경상북도	국립서울과학관	서대문형무소 역사관	민주화 현장
옹기민속박물관	국립국악박물관 / 남산	양재천	국립중앙박물관	서울역사박물관	백범기념관
월드컵공원	남산골 한옥마을	강원도	남산골 한옥마을	조선의 왕릉	아인스월드
철도박물관	농업박물관 / 대법원	월드컵공원	농업박물관	성균관	서대문자연사박물관
이화여대자연사박물관	대학로	유명산	롯데월드 민속박물관	시민안전체험관	국립서울과학관
천마산	롯데월드 민속박물관	제주도	충청도	경상북도	서울숲
천문대	몽촌토성과 풍납토성	짚풀생활사박물관	서대문자연사박물관	암사동 선사주거지	신문박물관
철새	불국사와 석굴암	천마산	성균관	운현궁과 인사동	양재천
홍릉 산림과학관	서대문자연사박물관	한강	세종대왕기념관	전쟁기념관	월드컵공원
화폐금융박물관	서울대공원 동물원	한국민속촌	수원화성	천문대	육군사관학교
선유도공원	서울숲	호림박물관	시민안전체험관	철새	이화여대자연사박물관
독립공원	서울역사박물관	홍릉 산림과학관	시장 체험 / 신문박물관	청계천	중남미박물관
탑골공원	조선의 왕릉	하회마을	경기도	짚풀생활사박물관	짚풀생활사박물관
신문박물관	세종대왕기념관	대법원	강원도	태백석탄박물관	창덕궁
서울시의회	수원화성	김치박물관	경상북도	해인사 고려대장경과 장경판전	천문대
선거관리위원회	승정원 일기 / 양재천	난지하수처리사업소	옹기민속박물관	호림박물관	우포늪
소양댐	옹기민속박물관	농촌, 어촌, 산촌 마을	운현궁과 인사동	유니세프 한국위원회	판소리박물관
서남하수처리사업소	월드컵공원	들꽃수목원	육군사관학교	무령왕릉	한강
중랑구재활용센터	육군사관학교	정보나라	이화여대자연사박물관	현충사	홍릉 산림과학관
중랑하수처리사업소	철도박물관	드림랜드	전라북도	덕포진교육박물관	화폐금융박물관
	이화여대자연사박물관	국립극장	전쟁박물관	서울대학교 의학박물관	훈민정음
	조선왕조실록 / 종묘		창경궁 / 천마산	상수허브랜드	상수도연구소
	종묘제례		천문대		한국자원공사
	창경궁 / 창덕궁		태백석탄박물관		동대문소방서
	천문대 / 청계천		한강		중앙119구조대
	태백석탄박물관		한국민속촌		
	판소리 / 한강		해인사 고려대장경과 장경판전		
	한국민속촌		화폐금융박물관		
	해인사 고려대장경과 장경판전		중남미문화원		
	호림박물관		첨성대		
	화폐금융박물관		절두산순교성지		
	훈민정음		천도교 중앙대교당		
	온양민속박물관		한국에너지기술연구원		
	아인스월드		한국자수박물관		
			초전섬유퀼트박물관		